Manuel Horeth

# Das HORETH-PRINZIP

Mein Geheimnis für Ihren persönlichen Lebenserfolg

UEBERREUTER

**Autor und Idee:**
Manuel Horeth

**Entwicklung:**
Manuel Horeth
Carmen Raos

**Redaktionelle Mitarbeit:**
Carmen Raos
Magdalena Konnerth

Im Auftrag der Manuel Horeth Institut KG
www.manuelhoreth-institut.at

**Bildnachweis:**
Patrick Kirschhofer: 28, 32, 82, 92, 103, 125, 191
François Maritz: 13, 175
Heimo Spindler / King Mediaworld /: 63, 135
Manuel Horeth: 178, 179
Andreas Waldschütz: 173
Foto Graf / Fotolia.com: 23
olly / Fotolia.com: 61
Ruslan Olinchuk / Fotolia.com: 101
Kobes / Fotolia.com: 131
larioja / Fotolia.com: 156
Sergej Khackimullin / Fotolia.com: 163

**Illustrationen:**
Christiane Schmitt, www.illustration-schmitt.de

Das säurefreie und alterungsbeständige Papier EOS liefert Salzer, St. Pölten
(hergestellt aus chlorfrei gebleichtem Zellstoff aus nachhaltiger Forstwirtschaft).

ISBN 978-3-8000-7537-9

Covergestaltung: Maria Schuster
Coverfoto: François Maritz (Cape Town, South Africa)

Druck: GGP Media GmbH, Pößneck
7 6 5 4 3 2 1

Ueberreuter im Internet: www.ueberreuter.at

# INHALT

**Hinweis**

Wenn Sie vorhaben, die in diesem Buch vorgestellte mentale Trainingsmethode anzuwenden, empfehlen wir Personen mit gesundheitlichen Problemen zuvor den Arzt oder Therapeuten ihres Vertrauens zu konsultieren.

Das vorliegende Buch ist sorgfältig erarbeitet worden.

Der Autor und der Verlag lehnen dennoch ausdrücklich jegliche Verantwortung für alle Risiken, die dem Leser durch die Anwendung der in diesem Buch beschriebenen Übungen entstehen könnten, ab und können keine Haftung dafür übernehmen.

*»Sei du selbst die Veränderung, die du dir wünschst für diese Welt.«*

Mahatma Gandhi, Pazifist

# VORWORT

»Warum ist das Leben des einen voller Trauer und das des anderen von Glück erfüllt?

Warum hat das eine Kind nichts zu essen und das andere wird im Rolls Royce zur Schule gefahren?

Warum hat dieser Mann kein Dach über dem Kopf und jener ein ganzes Schloss als Zweitwohnsitz?

Warum ist der eine voller Angst und Unsicherheit und der andere voller Zufriedenheit und Wohlgefühl?

Warum leidet dieser Mensch ständig unter Herabstufungen und Misserfolgen, während der andere ein Ziel nach dem anderen erreicht?

Warum kann der eine kein Wort sprechen, während der andere Massen in seinen Bann zieht?

Warum überlebt dieser Mensch eine unheilbare Krankheit, während der andere an derselben sofort stirbt?

Warum ist diese Frau nach nur wenigen Wochen ihrer Heirat schon wieder geschieden, während die andere seit über 70 Jahren an der Seite ihrer großen Liebe glücklich ist?

Trauer und Glück, Leid und Zufriedenheit, Armut und Reichtum, Misserfolg und Herrschaft – alles kann so nah und so fern und vor allem so eng beisammen sein.

Vieles, wenn auch nicht alles, liegt oft nur an uns und wie wir unsere Gedanken steuern.«

Mein Name ist Manuel Horeth und ich glaube an diese Gedanken. Ich glaubte daran bereits als Kind – als eines, das immer schon Träume hatte, die nicht alltäglich sind.

Als ich noch keine zehn Jahre alt war, verbrachte ich in jeden Sommerferien einige Zeit bei meiner Großtante und meinem Großonkel in Innsbruck im österreichischen Tirol. Eva und Franz, beide in Rente, beide liebevolle Menschen, beide heute tot. Schwimmen, bergsteigen, den Alpenzoo besuchen und die freie Zeit genießen – Onkel Franz nahm sich immer sehr viel Zeit für mich und zeigte mir alle Sehenswürdigkeiten und auch Tante Eva begleitete mich, wo immer ich auch hinwollte, und kochte jeden Tag wunderbar.

Diese Menschen waren so lieb zu mir und fragten mich eines Tages, was ich denn einmal werden möchte. Meine Antwort war immer eindeutig und es gab nie eine andere: Magier.

Tante Eva sah mich mit großen, fragenden Augen an und sagte: »Ja wie willst du denn davon einmal leben, das ist doch kein Beruf, das ist doch nichts Anständiges!«

Diesen Blick, diesen Satz, diesen Moment habe ich bis heute nicht vergessen. Viele Jahre demonstrierte ich Tante Eva meine Fortschritte und sie hat es nie verstanden, dass dies mein Traum war, meine Berufung, mein Leben. Leider ist sie mittlerweile lange tot, denn ich hätte ihr so gerne gezeigt, was ich jetzt mache. Auch hätte ich ihr gerne gesagt, wie sehr mich die Tatsache, dass sie nicht an mich glaubte, damals zwar gestört, aber gleichzeitg auch angetrieben hat, meinen Traum weiter zu verfolgen.

Nachdem ich mich in den letzten Jahrzehnten vom anfänglichen Magier zum Mentalisten und vom Mentalisten zu mir selbst entwickelt habe, kann ich nun eines sagen: Danke, Tante Eva! Danke, dass ich es dir beweisen durfte, dass meine Träume Wirklichkeit wurden und darüber hinaus.

Ich hatte als Kind einen Traum. Mein Traum schien unerreichbar. Und ich habe diesen Traum erreicht. Ich darf mit meiner Gabe heute Menschen glücklich machen, Menschen unterhalten, ihnen aber auch Gutes weitergeben und sie inspirieren.

Jeder von uns hat das Recht und die Chance, aus seinem Leben das Beste zu machen und sein Leben glücklich und zufrieden zu führen.

Nützen Sie diese Chance, denn welcher Stein auch immer Ihnen zurzeit im Weg liegt, dieses Buch soll Ihnen helfen, diesen aus dem Weg zu räumen.

Ich wünsche Ihnen, dass Sie Freude und Glück in diesem Buch finden und ich freue mich sehr, ein kleiner Funke sein zu dürfen, der Ihr Feuer zum Lodern bringt.

Ihr Manuel Horeth

## DIE HUMMEL

Wenn Sie glauben, etwas ist unmöglich zu erreichen, dann setzen Sie sich selbst damit Grenzen.

Denken Sie an eine Hummel! Die Hummel hat 0,7 $cm^2$ Flügelfläche bei 1,2 Gramm Gewicht. Nach den bekannten Gesetzen der Aerodynamik und der Flugtechnik ist es absolut unmöglich, bei diesem Verhältnis von Größe, Gewicht und Körperform zur Flügelspannweite zu fliegen. Die Hummel sollte in Wirklichkeit eigentlich gar nicht fliegen können! Kein Experte würde ein Flugzeug konstruieren, das den Gegebenheiten der Hummel entspricht.

Bis heute wurde das Geheimnis der Hummel noch nicht gelüftet.

Vielleicht versuchen auch Sie schon lange, etwas Außergewöhnliches zu erreichen, sozusagen auch »zu fliegen«, aber es gelingt Ihnen nicht. Zu viele Besserwisser, zu viele Einschüchterer bedrängen Sie ständig und wollen Ihnen beweisen, dass das, was Sie vorhaben, unter keinen Umständen möglich ist. In Wirklichkeit ist das Gegenteil der Fall, es ist möglich, Außergewöhnliches zu erreichen – mit dem Glauben an uns selbst! Obwohl es uns eigentlich niemand zutraut, können wir plötzlich Dinge, die an Wunder grenzen, die der Leistung der Hummel entsprechen. Denn auch die Hummel sollte eigentlich nicht fliegen können.

Die Hummel hat nur einen gewaltigen Vorteil uns gegenüber: Sie weiß nicht, dass sie eigentlich nicht fliegen kann, und tut es einfach.

## NÄHE UND FÜR ALLE!

Dieses Buch ist ein sehr persönliches, privates und individuelles Werk. Mir liegt es unglaublich am Herzen, dass Sie dieses Buch nicht nur lesen, sondern, dass es Ihnen Gedanken und Wege öffnet, die Ihnen helfen, Ihre Ziele so schnell wie möglich zu erreichen.

Um Ihnen mein Prinzip und meine Botschaft zu vermitteln, nütze ich in diesem Buch Texte, Zeichnungen und Fotos. Leider kann ich mit Ihnen nicht persönlich sprechen und eine weite Entfernung liegt zwischen uns. Diese Weite möchte ich durch das unpersönliche »SIE« nicht noch größer werden lassen.

Bei dieser Gelegenheit würde ich Ihnen daher gerne das DU-Wort anbieten. Lass uns doch ab jetzt per »Du« sein, damit nichts mehr zwischen uns stehen kann.

Schön, dass das für dich in Ordnung ist. Falls nicht, dann bitte denke dir einfach bei jedem »DU« ein »SIE« dazu. Und da es in diesem Buch sehr stark um die Vorstellungskraft geht und ich zur besseren Lesbarkeit bei vielen Wörtern die männliche Form gewählt habe, darf ich hiermit auch gleich meine Leserinnen bitten, sich bei allen männlichen Begriffen ebenso das weibliche Wort vorzustellen. Dies ist bereits eine erste Kreativitätsübung, die auch von euch, liebe Herren, durchgeführt werden kann.

# EINFÜHRUNG

# MEIN LEBENSTRAUM

Die großen Magier dieser Welt haben mich als kleiner Junge gewaltig fasziniert und stark beeindruckt. So sehr, dass ich bald daraus meinen Lebenstraum formte. Ich sah mich als Star auf der Bühne stehen. Wie Siegfried und Roy und David Copperfield. Da war ich ungefähr zehn Jahre alt.

Ich begann mich intensiv mit dieser fernen, fremden Welt zu beschäftigen und erarbeitete mir, wie es bei dieser Kunst so ist, jeden Trick alleine. Denn es gab nur wenige gute Bücher und Anleitungen, geschweige denn Ausbildner für dieses Fach. Ich arbeitete hart und übte fleißig.

Mit vierzehn erntete ich zum ersten Mal auf einer öffentlichen Bühne Beifall. Das verdankte ich meinem ganz besonderen Motor – diesem wundervollen Gefühl, das ich aus meinem Zukunftstraum holte, den ich in meiner Fantasie dank Tante Eva bereits verwirklicht hatte und sehr real erlebte. Daher ließ mich das befriedigende Gefühl dieses ersten Erfolges nicht auf den Lorbeeren ausruhen, sondern trieb mich an, weiterzumachen. Denn es war noch nicht das Empfinden, das ich aus meinen Träumen kannte.

An meinem Traum ließ ich jeden teilhaben, ob er es wissen wollte oder nicht. Einige glaubten an mich, wie meine Familie, die mich auch unterstützte, andere aber nicht. Tante Eva glaubte nicht an mich.

Interessanterweise haben mir diejenigen, die mich verlacht und verhöhnt haben, am meisten weitergeholfen. Denen wollte ich es zeigen! Ich wollte ihnen zeigen, dass ich absolut in der Lage war, meine Visionen, meine Ziele zu verwirklichen.

Die Schule war für mich Nebensache. Lediglich durch eine Abmachung mit meinen Eltern habe ich die Matura gemacht.

Ich bin meinen Weg gegangen und habe weiter gelernt. Und das auf viele verschiedene Arten. Mit Lesen, Fühlen, Erfahrungen Sammeln, Privatlehrern, durch Coaching, Beobachten, aber vor allem durch »learning by doing«. So wurde ich zusätzlich auch Moderator beim Österreichischen Rundfunk.

Dem Gefühl, das ich als Junge beim Tagträumen erlebte, bin ich inzwischen begegnet. Als vor einigen Jahren die Sendungen »Manuel

Horeth – der Mentalist« im ORF ausgestrahlt wurde, war es plötzlich da. Da wusste ich, ich habe mein Ziel von damals erreicht und bin auf dem richtigen Weg. Noch einmal mehr spürte ich dieses Gefühl, als ich als Mentalist für die größten deutschen TV-Sender arbeiten durfte und über 20 Millionen Zuschauer im Fernsehen und über 35.000 Zuschauer die Livetour im Theater sahen. Ich kann dir nur sagen, das Gefühl einen Kindheitstraum wahr werden zu lassen, ist göttlich!

Mit einunddreißig habe ich mein erstes Buch geschrieben, das zum Bestseller wurde und inzwischen nicht nur im deutschsprachigen Raum, sondern auch in Polen und China verkauft wird. Übrigens, meine Deutschlehrerin sagte damals nach einer Prüfung zu mir: »Bücher wirst du keine schreiben!« Danke für den Antrieb, Frau Professor Schnell!

Vergangenes Jahr habe ich dann meine Lust am Kochen mit einem Kochbuch verwirklicht und jetzt schreibe ich gerade an diesem, meinem dritten Buch, in dem ich dir mein Horeth-Prinzip vorstelle. Aufgrund vieler Anfragen in den letzten Jahren, halte ich mittlerweile auch Seminare zu meinen Erfahrungen im mentalen Training und wie man Visionen erfolgreich umsetzen kann. Zudem habe ich mein eigenes Institut gegründet. Der Wunsch, meine jahrzehntelange Bühnen- und Fernseherfahrungen zum mentalen Arbeiten weiterzugeben, ist schon seit vielen Jahren tief in mir verankert und wird so nun Schritt für Schritt noch mehr verwirklicht.

*»Ein Traum ist der Sonntag des Denkens.«*
Henri Frédéric Amiel, Philosoph

Das Gefühl aus meinem Tagtraum als kleiner Junge ist heute in mir zu einem Urgefühl geworden. Es hat sich mit neuen Zukunftsvisionen verbunden, trägt mich und treibt mich an, beständig weiter auf Neues zuzugehen. Auf dieses Gefühl vertraue ich. Es führt mich, stützt mich, gibt mir Sicherheit und motiviert mich, neuen Visionen nachzugehen. Diese Visionen zielen darauf ab, einzigartig zu werden, meine Alleinstellungsmerkmale zu festigen und konkurrenzlos zu werden und all das zu benutzen um mir und anderen Freude zu bereiten.

Eines tue und tat ich aber nie: einfach zu warten, bis der Traum, das Gefühl Wirklichkeit wird. In einem Motivationsbuch las ich als Jugendlicher über die goldene Regel »Suche dir einen Meister«. Da wurde ständig erwähnt, wie wichtig es sei, einen Meister zu haben, der einen inspiriert und zum Ziel führt. Ich stellte mir ständig die Frage, was ich wohl tun sollte, wenn ich keinen finden würde. Ich kann dich beruhigen, ich habe bis heute noch keinen gefunden! Zwar zeigten sich in meinem Leben immer wieder Menschen, die mir auf meinem Weg Unterstützung und Ideen gaben, aber ein wahrer göttlicher Meister war noch nicht dabei. Deshalb beschloss ich eines Tages, mir meine eigene erste goldene Regel zu erstellen. Diese Regel heißt: »Suche dir ein Team!« Das Gefühl aus meinen Träumen, das Verlangen, gab mir die Kraft, daran zu arbeiten, mir ein Team zusammenzustellen, mir Mitspieler zu suchen. Ein Team aus ehrlichen Beratern, ehrgeizigen Managern, strukturierten Organisatoren, kreativen Entwicklern, hochprofessionellen Bühnentechnikern, unabhängigen Kritikern, genialen Verrückten und anerkannten Experten. Alle haben eines gemeinsam: Sie glauben an mich, an meine Vision und stehen zu 100 Prozent hinter mir und meinen Entscheidungen. Ohne dieses Team würden sich meine Träume nicht erfüllen! In diesem mittlerweile über zehnköpfigen Team fühlen wir uns wie eine Familie, und auch wenn oft ich alleine den Applaus entgegennehme, so ist dieser in meinem Herzen immer stellvertretend für alle.

Meist reagieren die Menschen auf meine Shows mit Verwunderung und Faszination und stellen Fragen zu meinen mentalen Fähigkeiten, Trainingsmethoden und meiner Arbeitsweise.

Darum habe ich mich entschlossen, dieses Buch mit meinem Geheimnis für deinen persönlichen Lebenserfolg zu schreiben.

## DAS MENTALSYSTEM FÜR DICH

Sich immerzu auf das Wesentliche zu konzentrieren, von Millionen Menschen beobachtet zu werden und mentale Höchstleistungen zu vollbringen, erfordert als Mentalist die ständige Bereitschaft und den Willen, über Grenzen hinauszugehen. Durch jahrelange Selbstbeobachtung und Erfahrung im mentalen Arbeiten mit Menschen im TV und auf der Bühne habe ich das Horeth-Prinzip entwickelt.

Ich werde dich in diesem Buch in die Geheimnisse des Horeth-Prinzips einweihen und dich durch gezielte Übungen mit diesem außergewöhnlichen Mentalsystem vertraut machen. Ich habe es deshalb so genannt, weil es ein aus meiner Erfahrung heraus entstandenes System ist, das nicht von irgendjemandem theoretisch entwickelt wurde. Jahrelang habe ich es unbewusst verwendet um meinen Zielen näher zu kommen und sie zu erreichen. Und es hat funktioniert, es half mir, meine Visionen umzusetzen. Erst als ich begann, mich selbst genauestens zu analysieren, sind all diese Dinge ans Tageslicht gekommen. Heute kann ich klar definieren, was ich mache um mich zu entspannen, um ein Ziel klar zu formulieren, mich für dieses zu motivieren und in der Folge dieses Verlangen so in mir zu verankern, dass ich dieses Ziel auch wirklich erreiche und über Grenzen hinausgehe. Deshalb heißt das Prinzip auch Horeth-Prinzip – weil es aus meinem Herzen kommt.

Ein paar Minuten bevor ich diese Zeilen zu schreiben begann, rief mich ein Redakteur eines deutschen TV-Senders an, um ein paar Details zu besprechen, da wir gemeinsam an einem neuen Projekt arbeiten. Als ich ihm erzählte, dass ich heute »Buch-Tag« habe und gerade mitten im Schreiben bin, fragte er mich nach dem Titel des Buches. Als er dann hörte, dass es »Das Horeth-Prinzip« heißt, meinte er nur: »Mensch, dass ist aber sehr mutig!« Ich finde, er hat absolut recht! Aber ich habe diesen Mut, etwas, das ich für mich entwickelt habe, nach mir zu benennen.

Und ich möchte sogar noch einen Schritt weiter gehen. Das Horeth-Prinzip ist mein Prinzip und ich wünsche mir für dich, dass es zu deinem wird und dann deinen Namen trägt. Lass dich auf alles ein in diesem Buch, teste es, sammle Erfahrungen dazu und entwickle es für dich weiter. Nichts ist in unserem Leben in Stein gemeißelt, also nütze die Ideen und mach daraus, was du möchtest, erschaffe dein eigenes Erfolgsprinzip nach diesem Vorbild.

## FÜR WEN IST DIESES BUCH?

Mit diesem Buch sollen sich all jene angesprochen fühlen, die in ihrem Leben etwas bewegen möchten und eigenständig an ihren Problemen, Zielen, Träumen und Visionen arbeiten wollen.

In Zeiten voller Stress, Druck, Hektik und Überbelastung sind viele Menschen auf der Suche nach Wegen, wie man mit den täglichen Herausforderungen besser umgehen und zurechtkommen kann.

Ich zeige dir eine Methode, um neue Türen zu öffnen und Wege zu beschreiten, die vorher nicht wahrgenommen wurden.

Das Horeth-Prinzip ist für jeden anwendbar und bietet eine einfache, effektive und leicht verständliche Methode, wie man Ungeahntes schaffen und seine eigenen Grenzen überschreiten kann.

Hast du ein bestimmtes Ziel oder eine Vision die du gerne erreichen möchtest? Ein wesentlicher Aufgabenbereich des Horeth-Prinzips ist es, zu lernen, wie man Wünsche klar formuliert und sein Leben so gestaltet, wie man es in seinen Träumen gerne führen würde. Das Buch kann dir helfen, dein Verlangen so zu stärken, dass du an deinem Traum zu arbeiten beginnst und Schritt für Schritt dem Ergebnis näher kommst.

Auch kannst du mit dem Horeth-Prinzip deine Glücksgefühle stärken, innere Ruhe fördern und die wahre Freude am Leben spüren lernen.

Ebenso können Alltagsprobleme mit dem Horeth-Prinzip zielgerichtet bekämpft und behoben werden. Stress, Burn-out und Erschöpfungszustände können mit seiner Hilfe selbst bewältigt werden.

Leidest du an Lampenfieber, Prüfungs- und Versagensangst oder möchtest du negative Gewohnheiten abschaffen? Das Horeth-Prinzip kann dich dabei unterstützen.

Ist es dein größter Traum, endlich abzunehmen, zu rauchen aufzuhören oder dein Selbstwertgefühl zu stärken? Auch dann ist das Horeth-Prinzip eine Möglichkeit, daran zu arbeiten.

Beginnst du zu zittern, sobald du an eine Spinne denkst oder an den nächsten Flug? Leidest du an Höhenangst oder Spielsucht? Dieses Buch kann dir interessante Wege zeigen, gegenzusteuern.

Das Horeth-Prinzip kann bewirken, dass du deine innere Motivation so intensiv erlebst, dass du einen unfassbar starken Drang verspürst, etwas zu verändern. Du kannst ihn nutzen, um deine Leistungen in der Schule, im Studium, aber auch in der Kunst, im Beruf oder im Sport zu erhöhen. Ebenso kannst du es verwenden, um das zu erreichen was du dir schon immer gewünscht hast, aber dir bis jetzt noch nicht gelungen ist.

Mehr Gelassenheit entwickeln, mehr Lebensfreude verspüren, unabhängiger von anderen Menschen werden – all das ist möglich mit der Kraft deiner Gedanken, denn sie ist die machtvollste Kraft, die du besitzt!

Ab jetzt müssen deine Gedanken keine Last mehr für dich sein. Sie können von lästigen Nervensägen zu motivierenden Begleitern werden. Warum sollen unsere Gedanken gegen uns arbeiten, wenn wir selbst in der Lage sind sie zu steuern und für uns positiv zu nützen?

## LIES DIESES BUCH NICHT ...!

Lies dieses Buch nicht, wenn

- du keine Ziele haben willst und auch keine entwickeln möchtest!
- dir dein Leben so reicht wie es ist!
- du nur Zuschauer und kein Akteur in deinem Leben sein willst!
- du nichts in deinem Leben verändern willst!
- du dich am glücklichsten fühlst, wenn du keinen Finger rühren musst!
- du nicht zu deinen Problemen stehst!
- du dich, anstatt dich zu ändern, lieber von anderen bemitleiden lässt!

Ziel dieses Buches ist es, dass du selbstständig, hoch motiviert und mit dem größtmöglichen Verlangen deine Hindernisse bekämpfst und deine Träume und Wünsche verwirklichst.

Ich möchte, dass du beginnst, wirklich an dich und an deine Fähigkeiten zu glauben. Wir Menschen glauben an so vieles, wir glauben an einen christlich geprägten Gott, an Allah, Buddha, Brahma, Vishnu, Shiva, Varuna und wie sie alle heißen. Aber treten wir doch auch noch dem größten Glauben bei, dem Glauben an uns selbst.

Einzige Bedingung zwischen uns: DU MUSST ES WOLLEN!

## SO FUNKTIONIERT DAS HORETH-PRINZIP

Ich möchte dich bitten, die nächsten Seiten der Einführung so lange durchzulesen, bis sie zu hundert Prozent für dich verständlich sind. Denn nun ist der Punkt gekommen, an dem ich dir das Grundgerüst des Systems beschreibe. Ich hebe zuerst die allgemeine Verständlichkeit hervor, um dann das Horeth-Prinzip Element für Element üben und spüren zu können.

Das Horeth-Prinzip ist ein Prinzip der Freude, des Lachens, der Leichtigkeit, der Harmonie und der Selbstbestimmung.

Alle fünf Elemente in diesem Prinzip bauen aufeinander auf und folgen einander. Die Elemente heißen »Mind Chilling«, »Imagination«, »Emotionales Visionieren«, »Mind Branding« und »Grenzen überschreiten«.

Jedes Element wird in diesem Buch als eigenes Kapitel genauestens erarbeitet, erklärt und als Gesamtes im Horeth-Prinzip betrachtet.

Was muss ich nun in diesem System beachten, um meine Ziele zu erreichen? Welche Schritte muss ich gehen?

Mind Chilling und Imagination bilden die Basis, das Grundhandwerkzeug, um mit diesem Prinzip erfolgreich arbeiten zu können.

Mind Chilling ist das Entspannen durch positive emotionale Erinnerungen aus der eigenen Vergangenheit. Das heißt du wirst eine Technik lernen, die dir zeigt, wie du in jedem Augenblick deines Lebens die notwendige Entspannung bekommst, die du brauchst. Dieses Können bildet die Voraussetzung, um den zweiten Basisteil, die Imagination, durchführen zu können. Imagination als das Fühlen der Vorstellungskraft soll dir die Möglichkeit bieten, dein bildhaftes Vorstellungsvermögen zu aktivieren und Bereiche deines Lebens vorerst noch ganz

ohne Verpflichtungen und Auswirkungen im Kopf zu betrachten und zu erleben. Die Imagination zeigt dir, wie du in deinen Gedanken Bilder sehen und entstehen lassen kannst. Du wirst in diesem Kapitel lernen, wie man diese Art von realen Tagträumen effektiv erleben und selbst steuern kann. Es geht darum, sich selbst zu sehen und das eigene Ich zu imaginieren. Dieses Können bildet die zweite Basis des Horeth-Prinzips.

Mit der Fähigkeit, Mind Chilling zu betreiben und sich selbst in Imaginationen zu erleben, begeben wir uns zum Emotionalen Visionieren. Das Emotionale Visionieren lässt dich deinen inneren Antrieb spüren. In diesem Kapitel wirst du einerseits lernen, wie man aus den vielen eigenen unterschiedlichen Vorstellungen das richtige Ziel auswählt, um an der eigenen Zukunft zu arbeiten. Das heißt du wirst eine Technik lernen, mit der du erkennst, in welchem deiner Ziele dein größtes Verlangen steckt. Andererseits wirst du in allen Facetten erfahren, wie es sich anfühlen würde, wenn du dein Ziel schon erreicht hättest. Du wirst es zum ersten Mal mit allen Sinnen intensiv erleben.

Im Kapitel Mind Branding erlernst du, dein Verlangen zu verankern.

Wie kann das Verlangen aus dem Emotionalen Visionieren mit in den Alltag genommen werden? Wie kann es immer wieder kommen, noch stärker werden, um deinem Leben eine neue positive Richtung zu geben? Und vor allem, wie kann es dich ständig an deinen Traum erinnern? Alle diese Fragen werde ich in diesem Kapitel genau beantworten und ich werde dir ein fantastisches System zeigen, das dich deine Ziele nie wieder vergessen lässt.

Sozusagen am Gipfel angekommen bist du in der Lage, mit dieser Kombination aus allen Elementen bisherige Grenzen zu überschreiten. Denn um Ziele zu erreichen, um Probleme zu bekämpfen, um Visionen zu erleben, musst du über dich hinausgehen. Das funktioniert nur, wenn deine Gedanken bereit dazu sind und wenn du beginnst zu glauben.

Damit du über deine Grenzen gehen kannst und Unglaubliches erreichen kannst, legen wir am besten sofort los und beginnen mit dem ersten Kapitel.

# 1. MIND CHILLING

## DER SEE

Es ist ein wunderschöner sonniger Tag, der Himmel ist tiefblau und kleine weiße Wolken ziehen langsam von einer Richtung zur anderen.

Ich sitze in meinem Boot am See und fahre weg von der Anlegestelle mitten ins ruhige Naturgebiet. Ich habe entspannende Meditationsmusik dabei, frisches Wasser zu trinken und die Vorfreude, ihn bald erleben zu dürfen, diesen besonderen Moment – meinen Moment, den ich ständig intensiv auch in meinen Gedanken als meinen Mind-Chilling-Moment erlebe.

Diesmal genieße ich ihn nicht nur in meinen Gedanken, sondern es ist wieder mal einer der seltenen Tage, an denen ich ihn wirklich spüren darf.

Ich bin mit meinem Boot angekommen, an der einsamen und stillen Stelle des Sees und werfe hier den Anker, um das Boot zu stabilisieren und festzumachen.

Ich blicke mich um und sehe niemanden. Ein einsamer See, es ist kurz vor 18 Uhr im Sommer und die untergehende Sonne strahlt noch mit voller Kraft auf die Erde herab. Wassertemperatur 25 Grad, auch vor Sonnenuntergang noch angenehm und der leichte Windhauch, der zu spüren ist, signalisiert schon, dass es wohl bald Abend werden wird.

Ich klettere aus dem Boot und lasse mich dann einfach ins Wasser gleiten. Klares türkises Wasser, Trinkwasserqualität, die Ruhe um mich herum, der immer farbenintensiver werdende Himmel und die sich immer mehr ins Orange färbende Sonne stärken mein Entspannungsgefühl unglaublich. Und jetzt kommt er gleich, der Moment, den ich mir so tief in meinem Unterbewusstsein abgespeichert habe, der so tief und fest in mir für Entspannung sorgt.

Ich lege mich im Wasser auf den Rücken, schließe die Augen, atme tief ein und lasse mich einfach treiben. Es ist, wie schwerelos zu sein, es ist die absolute Ruhe, das angenehm klare Wasser, in dem man liegt, und es ist das Fallenlassen, das mich zu hundert Prozent entspannt und mich alles vergessen lässt. Es ist wie das Gefühl vor dem Einschlafen, wenn man ins Bett sinkt und immer tiefer fällt. Dieses Fallenlassen und dieses schwerelose Treiben im Wasser entspannen mich so stark, dass dieser Moment sich in meinem Kopf als so wirkungsvoll etabliert hat, dass ich ihn niemals vergessen kann.

Und neben der untergehenden Sonne, ein paar Vögeln, dem leichten Windhauch, dem warmen Wasser treibe ich nun tief entspannt mit einem so tiefgehenden Glücksgefühl im Wasser dahin und genieße diesen Moment so stark und lasse ihn so intensiv auf mich einwirken, dass ich merke, wie ich von Minute zu Minute ruhiger, entspannter, glücklicher, zufriedener und vor allem eines werden: ein Mensch in seiner puren Form.

So wie wir sind, alle gleich, ohne diese künstlich erschaffene Welt, kein Telefon, kein Fernseher, kein Auto, kein Druck der Arbeit, kein Computer, keine Uhr, keine äußere Hülle und noch vieles mehr. Ich liege im Wasser wie wir Menschen erschaffen wurden und genieße diesen unglaublichen Moment des Ursprungs, der Stille, der Erholung und Entspannung.

Das ist mein persönlicher Mind-Chilling-Moment.

*»Die Erinnerung – das einzige Paradies, aus dem wir nicht vertrieben werden können.«*
Jean Paul, Schriftsteller

## WAS IST MIND CHILLING?

Du suchst eine Entspannungsmethode, die einfach durchzuführen ist und trotzdem schnell und effektiv wirkt? Beim Mind Chilling lernst du durch eine spezielle Technik dich selbst wie in einem Film an einen besonderen Punkt in deiner Vergangenheit zu führen und dabei zu relaxen und gedanklich und körperlich zu entspannen. Als ich vor einiger Zeit auf die Entdeckungsreise ging, mich selbst zu finden und das Geheimnis meines Lebenserfolges zu erforschen, habe ich festgestellt, dass mein Weg zur Entspannung ein ganz spezieller ist. Neben all den üblichen Entspannungsmethoden, die ich getestet habe, wie Meditation, Autogenes Training, Yoga und so weiter, bin ich in meine Vergangenheit gereist um zu entdecken, wie ich am besten entspanne und dass es keine der üblichen Methoden ist. Erst die genaue Analyse meiner Lebensstationen und die Aufarbeitung unterschiedlichster Erlebnisse haben das Geheimnis meiner intuitiv entwickelten Entspannungsmethode enthüllt.

Ich nenne sie heute Mind Chilling und übersetzt bedeutet das »den Geist abkühlen« und »die Gedanken entspannen«. Ihr Name setzt sich aus den englischen Begriffen »mind« und »chill« zusammen. Das Wort »mind« stammt von dem altenglischen Ausdruck »gemynd« ab. Er bezeichnet das Gedächtnis, das Denken, die Absicht. Heute bedeutet »mind« neben Gedanke, Geist und Verstand auch Psyche oder Seele.

Im amerikanischen Slang wird das Verb »to chill« seit geraumer Zeit auch im Sinne von »sich beruhigen« und »entspannen« verwendet. »Chillen« bezeichnet so üblicherweise Tätigkeiten, die mit Entspannung und Genuss verbunden werden.

Für meine mentale Entspannungsmethode fand ich diesen Name passend, da die Auswirkung ganz klar die Entspannung der Gedanken ist.

Das Einzigartige an Mind Chilling ist aber nicht nur die Auswirkung, sondern der Weg dorthin. Er selbst stellt bereits ein wunderbares Erlebnis dar. Viele von euch haben sicherlich schon die eine oder andere Entspannungsmethode ausprobiert, um dem Alltag zu entkommen oder um Kraft für ein Vorhaben zu tanken, haben es aber noch nicht geschafft, diese Techniken langfristig anzuwenden. Mind Chilling wird eine Methode sein, die sie gerne praktizieren. Weil nicht nur das Resultat, sondern bereits der Weg genussvoll ist.

Die von mir entwickelte Mind-Chilling-Methode funktioniert durch ein klar definiertes System: Wir erleben entspannende Momente aus unserer Vergangenheit in unseren Gedanken nochmal, lassen die Gefühle, die wir dort hatten, wieder in uns hochkommen und erleben so dieselbe Situation ein zweites Mal.

## Die Kraft der Erinnerung

Das Schlüsselelement von Mind Chilling ist also die Besinnung auf ein intensiv erlebtes Wohlgefühl aus der Vergangenheit. Man denkt an eine besondere Situation, in der man sich rund herum wohl und glücklich gefühlt hat. Durch das geistige Wiedererleben der in der Erinnerung noch vorhandenen Sinneseindrücke können diese Gefühle reaktiviert werden. Auf diese Weise gelingt es, einen tiefen, geistigen Entspannungszustand herzustellen, der in weiterer Folge auch körperlich spür- und messbar wird. Das Denken beruhigt sich, Körper, Geist und Seele erholen sich.

Das Besondere an Mind Chilling ist, dass es uns ermöglicht, auch dann zur Ruhe zu kommen, wenn die äußeren Umstände dem eigentlich entgegenstehen. Das Eintauchen in einen schönen Moment aus unserer Erinnerung lässt innerhalb kürzester Zeit alle Anspannung von uns abfallen und verschafft uns ein wunderbares Gefühl, das uns emotional, geistig und körperlich erstarken lässt.

Das Mind-Chilling-Gefühl ist ruhig, konzentriert, angstfrei und gelassen, fröhlich und locker. Es fördert unseren Mut, unser Selbstbewusstsein und unsere Kreativität. Wir fühlen uns kräftig, widerstandsfähig und belastbar.

Gleichzeitig ist Mind Chilling äußerst flexibel und einfach anzuwenden. Mit etwas Übung kann bereits ein kurzer Gedanke an den persönlichen Ruhemoment für körperliche und geistige Entspannung sorgen! Auf diese Weise lässt sich die Methode in fast alle Situationen des Alltags integrieren. Das Einzige, das man dazu benötigt, sind ein paar Minuten Zeit und eine schöne, persönliche, entspannende Erinnerung. Wie man diese Erinnerung und die dazu passenden Gefühle hervorrufen kann und welche Technik ich genau verwende, erkläre ich dir gerne später und ausführlich in diesem Kapitel.

Du kannst dich auf alle Fälle auf eine intensive und entspannende Reise freuen.

*»Man wird sich an den Vorzügen seiner Zeit nicht wahrhaft und redlich freuen, wenn man die Vorzüge der Vergangenheit nicht zu würdigen versteht.«*

Johann Wolfgang von Goethe, Dichter

Mind Chilling bei Proben im TV-Studio in Köln für die RTL-Show
»Manuel Horeth – Nichts ist unmöglich«

## AUSWIRKUNGEN VON MIND CHILLING

Wir alle kennen Situationen wie diese: Tausend Gedanken rasen einem durch den Kopf. Am Tisch stapeln sich unerledigte Aufgaben, Körper und Geist sind unter Stress, die Kinder oder der Chef nerven, ununterbrochen läutet das Telefon und man weiß nicht, womit man zuerst beginnen soll. Richtig angewandtes Mind Chilling kann helfen, Situationen wie diese besser zu meistern und sich selbst zu helfen. Seine entspannende Wirkung wird bereits bei der ersten Anwendung deutlich spürbar. Aber auch langfristig zeigt diese Entspannungsmethode viele positive Effekte.

### Mind Chilling beruhigt das Denken

Mind Chilling bietet einen Rückzugsort und schnellen Ausstieg aus dem Alltag. In dem Moment, in dem wir in unsere Erinnerung eintauchen, geht die Türe nach außen zu. Absichten und Ansichten kommen zur Ruhe und unser Denken beginnt sich zu entspannen. Wir werden gelassen und ruhig. Auf diese Weise nehmen Konzentration und Aufmerksamkeit wieder zu. Unsere Gedanken werden klarer und wir können Stresssituationen besser bewältigen.

Aber nicht nur der Rückzug aus der Stresssituation ist es, der die einzigartige Wirkung von Mind Chilling ausmacht. Viel mehr noch sind es die mit dem persönlichen Erinnerungsmoment verbundenen positiven Emotionen, aus welchen wir neue Kraft schöpfen. Die schönen Gefühle erfüllen uns mit Fröhlichkeit. Angst und negative Gedanken fallen von uns ab. Dadurch öffnen wir unsere Wahrnehmung und es entsteht Raum für Kreativität. Des Weiteren stärken die positiven Emotionen unseren Mut und unser Selbstbewusstsein. Wir fühlen uns widerstandsfähig und belastbar! Mit regelmäßigem Mind Chilling können wir daher leichter einen hohen Energiepegel halten.

Auch auf körperlicher Ebene werden die Auswirkungen der positiven Gefühle sichtbar, denn unsere psychische und emotionale Stimmungslage wird von unserem Immun- und Hormonsystem erwidert.

Wie Studien zum Thema Optimismus und Gesundheit darlegen, haben Menschen mit einer positiven Lebenseinstellung nachweislich weniger Stresshormone im Körper. Zudem erkälten sie sich tendenziell seltener und haben ein geringeres Risiko, Herz-Kreislauf-Erkrankungen zu erleiden. Auch ihre Lebenserwartung ist höher! Dies wurde unter anderem in einer Langzeitstudie der Universität von Kentucky rund um den Wissenschaftler David Snowdon deutlich. Diese zeigte, dass Ordensschwestern, deren niedergeschriebene Biografien besonders viele positive Emotionen enthielten, rund zehn Jahre länger lebten als jene, die zu negativen Gefühle neigten.

Ich selbst war früher mehrmals im Jahr sehr stark verkühlt und an Grippe erkrankt. Stress und auch meine Erwartungshaltung, krank zu werden, haben dies mit ausgelöst. Seitdem ich aber mein Leben sehr bewusst lebe und in meinem Mind Chilling meine Glücksmomente voll auskoste, spüre ich zwar vor allem in den Wintermonaten, wie stark mein Immunsystem arbeitet, aber ich werde nicht krank.

In genau diesem Moment, wenn ich diese Zeilen schreibe, ist gerade Winter. Wenige Wochen vor Weihnachten, ich bin mit meiner neuen Theatershow auf Tour, Abend für Abend eine neue Stadt, ein neues Publikum, zudem arbeite ich gerade an einem neuen TV-Projekt, halte Seminare zum Horeth-Prinzip, moderiere an einigen Tagen im Radio, konzipiere eine Specialshow mit 99 Zusehern, die in 99 Minuten ihr Schicksal erleben werden, lese neue Bücher, die mich interessieren, plane das neue Jahr 2012, gebe Interviews, genieße die Zeit mit meiner Frau, sitze jede freie Minute an meinem Schreibtisch in meinem Institut in der Stadt Salzburg, um an diesem Buch zu schreiben. Im Hintergrund läuft entspannte Musik, ich bin ganz ungestört, das Handy ist abgedreht. Die Welt dreht sich und ist in Bewegung, mein Leben ist in voller Bewegung, aber um dieses Buch zu schreiben, sind mir Ruhe und Achtsamkeit sehr wichtig, und obwohl alles momentan Stress pur ist, gibt es in diesem Moment nur dich, den Leser dieses Buches.

Durch Mind Chilling gelingt es mir, das umzusetzen, und eines überrascht mich selbst immer wieder – ich war seit vier Jahren keinen einzigen Tag wirklich krank!

In meiner neuen Bühnenshow »Der Manuel Horeth-Effekt« zeige ich ein spannendes Experiment mit Hunderten scharfen, spitzen Glasscherben.

Würde man auch nur ganz leicht an diesen Scherben mit der Haut ankommen, bestünde die große Gefahr einer Schnittverletzung. Bei diesem Experiment ist wirklich allergrößte Vorsicht geboten.

Nur durch die Kraft der Entspannung, durch Mind Chilling, in diesem Falle die Konzentration auf einen einzigen Moment, schaffe ich es, mich mit einer Seite meines Gesichts auf die Scherben zu legen. Danach steigt mir eine Zuschauerin mit ihren Füßen auf die andere Seite des Gesichts und drückt es mir mit vollem Körpergewicht in die Glasscherben.

Normalerweise würde man hier einige Schnittwunden bekommen.

Durch vollste Konzentration und Entspannung auf einen Moment bleibe ich bei diesem Experiment unfallfrei.

*»Schenke dir selbst jeden Tag die schönsten Momente und bade Körper, Seele und Geist in innerer Harmonie.«*

Sarah Bernhardt, Schauspielerin

Das Glasscherbenexperiment live im Theater

# DER MENSCH UND DIE MAGIE DER ENTSPANNUNG

Ebenso wie Ebbe und Flut, Licht und Dunkelheit, Sommer und Winter, Geburt und Tod einem zyklischen oder rhythmischen Prozess unterworfen sind, sind es auch alle körperlichen Vorgänge und Verhaltensweisen des Menschen: Ein- und Ausatmen, Lust und Unlust, Stärke und Schwäche, Aktivität und Schlaf und auch Anspannung und Entspannung.

Anspannung und Entspannung sind natürliche und überlebensnotwendige Verhaltensweisen des Menschen, die nach einem evolutionär angelegten Reaktionsmuster ablaufen und sich wechselseitig bedingen.

Im Unterschied zum Atmen, das automatisch im Tiefenbewusstsein abläuft, muss der Mensch den Ausgleich zwischen Anspannung und Entspannung jedoch bewusst und aktiv herbeiführen und sich Zeit dafür nehmen. Die Natur stellt uns zum Programm Anspannung gleichzeitig als biologisches Gegenprogramm die Fähigkeit zum Entspannen zur Verfügung. Entspannung ist sozusagen ein Schutzmechanismus, der uns vor schädlichen Stressfolgen bewahrt.

Einen Ausgleich zwischen Anspannung und Entspannung herbeizuführen setzt voraus, dass du deinen Zustand und dein Befinden bewusst wahrnimmst. Beide Zustände nimmt jeder Mensch anders wahr, insbesondere was ihr Ausmaß und ihre Intensität betrifft.

So kann sich dauerhafter Stress in unterschiedlicher Art und Weise bemerkbar machen. Während viele an Beschwerden wie Gereiztheit, körperliche Verspannungen, Nervosität und Kopfschmerzen leiden, scheint es tatsächlich auch einen kleinen Prozentsatz zu geben, bei dem längerfristige Anspannung wirkungslos bleibt. Zu diesen Ergebnissen kam eine Studie der Deutschen Angestellten-Krankenkasse (DAK).

Auswirkungen von Anspannung und Stress im Überblick:

| Anspannung/Stress zeigt sich bei | in Form von |
|---|---|
| 60 % | Gereiztheit |
| 52 % | Verspannungen |
| 49 % | Konzentrationsstörungen und Nervosität |
| 39 % | Kopfschmerzen |
| 37 % | Schlafbeeinträchtigung |
| 33 % | Lustlosigkeit |
| 28 % | gesteigerter Aktivität |
| 25 % | Verdauungsproblemen, Magenschmerzen |
| 21 % | Lust auf Rauchen |
| 15 % | Heißhungerattacken |
| 14 % | Appetitverlust |
| 7 %<br>5 % | Lust auf Alkohol<br>keine Auswirkungen |

(DAK, Entspannung im Alltag, 2005)

In Anbetracht der Auswirkungen permanenter Anspannung werden Entspannungsphasen für die Menschen immer bedeutender – darüber sind sich alle Bevölkerungsgruppen weitgehend einig. Fast alle Befragten erachteten Entspannung im Alltag als wichtig bis sehr wichtig. Entspannungsphasen zur Erhöhung der Lebensqualität einzusetzen, ist jedoch keine Erscheinung der Neuzeit. Der Mensch nutzte gezieltes Entspannen schon in der frühen Entwicklungsgeschichte. Davon berichten Stein- und Tonrelieffunde aus der ganzen Welt und den verschiedensten Kulturkreisen. Aus diesen Überlieferungen bildeten die Menschen Techniken, die niemals verloren gingen und auch heute noch praktiziert werden. Von der Suggestion als eine der ursprünglichsten Formen bis hin zu Trance-Techniken (z. B. aus dem

Schamanismus). Besonders im Wellness-Bereich erleben sie heute eine Hochblüte (Legionärssauna, Massage mit heißen Steinen, Aromatherapien ...).

## Auf welche Arten kann man sich entspannen?

Im klassisch wissenschaftlichen Sinn stehen uns folgende Entspannungsverfahren zur Verfügung:

- Unsystematische Verfahren:

Es handelt sich dabei um Verfahren, die weder erforscht noch durch Studien abgesichert sind. Im Rahmen dieser gelten als besonders empfehlenswert:

  - Methoden, die sich in die Tagesplanung integrieren lassen: bewusstes Atmen, ein Bad nehmen, Nein sagen, beten, regelmäßiger Wechsel der Körperhaltung, mindestens 45 Minuten Mittagspause, Augen entspannen, Lachen, 3 x 10 Minuten Bewegung, bewusste Planung des Tages ...
  - Methoden, die sich in die Wochenplanung integrieren lassen: Waldspaziergang, Sport, Fitness, gemütliches Essen mit Freunden und Familie, regelmäßiges Hobby ...

- Systematische Verfahren:

Diese Verfahren sind wissenschaftlich erforscht und empirisch abgesichert. Ihr Erfolg beruht auf dem gezielten Einüben einer psychomotorischen Routine, das heißt einer regelmäßigen Verknüpfung von Gedanken und Bewegung. Sie bewirkt, dass die gewünschten Effekte rascher erreicht werden und sogar von selbst, auch bei stärkeren Belastungen, entstehen, wenn die Abläufe regelmäßig und beständig angewandt werden.

Zu den systematischen Verfahren zählen:

  - Mind Chilling
  - Autogenes Training & Hypnose
  - Progressive Muskelrelaxation

- Biofeedback
- Meditation & Yoga
- Imaginative Verfahren

Systematische Entspannungsverfahren werden nur von rund einem Drittel der Befragten der vorhin erwähnten Studie gezielt angewandt. Die übrigen 66% bedienen sich unsystematischer Verfahren.

Im Rahmen der unsystematischen Verfahren werden folgende Tätigkeiten bevorzugt:

| **... % der Befragten** | **entspannen durch** |
|---|---|
| 78 % | Fernsehen oder Lesen |
| 78% | Gespräche mit dem Partner, Freunden oder Kollegen |
| 75 % | Radfahren, Spazierengehen |
| 74 % | Musik hören |
| 68 % | Hobby nachgehen |
| 63 % | Schlafen |
| 59 % | Sport |
| 55 % | ein heißes Bad, einen Saunagang |
| 47 % | ein Glas Bier oder Wein |
| 40 % | Sex |
| 38 % | Essen |
| 27 % | bestimmte Entspannungstechniken |
| 22 % | Putzen, Hausarbeit |
| 21 % | Rauchen |

Dabei finde ich sehr amüsant, dass bei dieser Umfrage mehr Menschen bei einem Glas Bier entspannen können als bei einem sexuellen Erlebnis.

## Entspannung und Leistungsfähigkeit

Um gesund, kraftvoll und leistungsfähig zu sein, ist es wichtig, gezielt und regelmäßig Entspannungstechniken anzuwenden.

Ich habe die Erfahrung gemacht, dass nicht nur der Glaube, man sei entspannt, sondern auch das klare Verwenden von Entspannungstechniken die Leistungsbereitschaft erhöhen.

Ich möchte damit nicht die Leistungsgesellschaft unterstützen, die uns heutzutage dazu zwingt, ständig und jederzeit Top-Leistungen zu erbringen. Ich bin nur der festen Überzeugung, dass das Lebensgefühl und vor allem die Bereitschaft, Leistung gerne und mit Spaß zu erbringen, in einem entspannten Zustand um Welten höher ist.

Die Wissenschaftler Marieke van Vugt und Amishi Jha bestätigen mir auch mit ihrem Experiment zum Thema Achtsamkeitsmeditation dass sich Entspannungstraining auf die geistige Leistungsfähigkeit auswirkt.

Zum Experiment: Achtsamkeit selbst ist die volle Aufmerksamkeit auf das momentane Erleben. Die Achtsamkeitsmeditation als Entspannungsübung zielt darauf ab, diesen mentalen Zustand zu erhalten, wie zum Beispiel durch die Durchführung täglicher Achtsamkeitsübungen. Am Experiment nahmen eine Versuchsgruppe und eine Kontrollgruppe teil. Beide bestanden jeweils aus 29 Personen im Alter von 21 bis 70 Jahren.

Die Versuchsgruppe nahm an einem intensiven einmonatigen Seminar für Achtsamkeitstraining teil. Alle ihre Mitglieder hatten vorab bereits in unterschiedlichem Ausmaß Erfahrungen mit dieser Methode gesammelt. Vor und nach der Teilnahme an dem Seminar wurde den Teilnehmern jeweils eine Aufgabe gestellt, die das bildhafte Arbeitsgedächtnis beanspruchte. Die Aufgabe bestand darin, schwierige und sehr leicht verwechselbare Gesichter wiederzuerkennen, die den Testpersonen zeitlich versetzt gezeigt wurden.

Dieselben Aufgaben wurden auch den Testpersonen der Kontrollgruppe vorgelegt. Diese verfügten über keinerlei Erfahrung mit Achtsamkeitsmeditation und hatten auch nicht an dem Seminar teilgenommen.

Im Experiment zeigte sich, dass die Gruppe mit Erfahrung in der Achtsamkeitsmeditation bereits vor dem einmonatigen Seminar im Vergleich zur unerfahrenen Kontrollgruppe schneller als diese antwortete. Zum selben Ergebnis kam es beim Test nach dem Seminar. Wobei sich die Antwortzeiten der Versuchsgruppe noch weiter verringert hatten.

*Was können wir daraus für uns mitnehmen?*
Das Training der Achtsamkeitsmeditation kann also die Leistung bei Aufgaben, die das bildhafte Arbeitsgedächtnis beanspruchen, hinsichtlich Antwortzeiten deutlich verbessern. Dabei spielt auch die Intensität des Trainings eine Rolle. Durch regelmäßiges und vermehrtes Üben lässt sich die Leistung weiter steigern.

*»Was ohne Ruhepausen geschieht, ist nicht von Dauer.«*
Ovid, Dichter

## Psychosomatischer Ausgleich

Der Ausgleich zwischen Anspannung und Entspannung erfolgt im autonomen beziehungsweise vegetativen Nervensystem. Seine Aufgabe ist die Versorgung jedes Organs des menschlichen Körpers. Hätten wir das autonome Nervensystem nicht, müssten wir uns ständig darauf konzentrieren, zu atmen, dass unser Herz schlägt, dass der Darm unsere Nahrung verdaut, dass Blutdruck und Herzfrequenz sich an die unterschiedlichen Lebensmomente anpassen – je nachdem, ob wir gerade schlafen, essen, tanzen oder einen Marathon laufen.

Schauen wir uns einmal das automatische Wechselspiel der beiden Nervenstränge Sympathikus und Parasympathikus, die sich entlang der Wirbelsäule befinden, genauer an. Ihnen kommt im Zusammenhang mit der Steuerung von Anspannung und Entspannung eine besondere Rolle zu.

**Der Sympathikus** schaltet uns in Gefahrensituationen auf »Fight and Flight«, aktiviert also unseren Kampf- und Fluchtmechanismus. Das führt zu einer Leistungssteigerung des gesamten Organismus. Der Körper mobilisiert seine Kraftreserven und bereitet sich auf außergewöhnliche Anstrengungen vor. Herztätigkeit, Blutdruck und Stoffwechsel steigern sich, die Darmtätigkeit geht zurück, da sie für diese Situation nicht von Nutzen ist. Zur kurzfristigen Leistungssteigerung ist dies eine nützliche Funktion. Eine dauerhafte Überbeanspruchung dieses Mechanismus bewirkt jedoch Herz- und Verdauungsprobleme, Schlafstörungen bis hin zu totalem Burn-out.

**Der Parasympathikus** als Gegenspieler hat die Aufgabe »Rest and Repair« (Regeneration und Aufbau). Er senkt den Blutdruck ab, verlangsamt den Herzschlag und die Atemfrequenz, die Darmtätigkeit wird wieder angeregt.

Obwohl wir das autonome Nervensystem nicht direkt willentlich steuern können, lässt es sich im mentalen Arbeiten indirekt durch unsere Gedanken beeinflussen. So können wir den Parasympathikus beeinflussen und aktivieren, indem wir ihm »Entwarnung« signalisieren. Dies geschieht, wenn wir uns bewusst aus dem Alltag zurückziehen, in die Stille gehen und eine Entspannungstechnik anwenden.

Je öfter wir uns in diesen mentalen Techniken üben, desto schneller erkennt der Körper die »Entwarnung« und schaltet auf Entspannung um und desto intensiver wird sie empfunden.

Genau diesen Effekt wirst du später im Mind Chilling erleben.

## ERINNERUNG UND GEFÜHLE

Das zentrale Thema von Mind Chilling ist, dass wir uns an wunderschöne, angenehme und wärmende Gefühle aus unserer eigenen Vergangenheit erinnern und sie mental wieder beleben. Gefühle sind oft viel stärker als Erinnerungen und wenn wir angenehme Gefühle verwenden um uns zu entspannen, dann wird dies intensiver sein als eine neutrale, sachliche, unpersönliche Entspannungstechnik.

*»Eine Stunde ist nicht nur eine Stunde; sie ist ein mit Düften, mit Tönen, mit Plänen und Klimaten angefülltes Gefäß. Was wir die Wirklichkeit nennen, ist eine bestimmte Beziehung zwischen Empfindungen und Erinnerungen.«*

Marcel Proust, Schriftsteller

Um den Umgang mit unseren Gefühlen klarer verständlich zu machen und deren Herkunft deutlich hervorzuheben, möchte ich dir gerne den Zusammenhang von Erinnerungen und Gefühlen beschreiben.

## Theorie der Gefühle

Fühlen ist nach C. G. Jung neben Denken, Empfinden und Intuition eine wesentliche und daher wichtige Grundfunktion unseres psychischen Erlebens. Der Wissenschaft ist es allerdings bis heute noch nicht gelungen, eine allgemeine Theorie der Gefühle aufzustellen. Was sind die Gründe dafür?

Fühlen und die psychischen Abläufe sind nicht direkt beobachtbar und Gefühle daher nicht leicht zu identifizieren.

Gefühle treten nicht alleine auf, sondern sind Teil unseres Erlebens.

**TEST**

Gib dir auf folgende Frage eine genaue und ehrliche Antwort, die nicht »gut, bestens, toll, schlecht« lautet, sondern eine konkrete Gefühlslage schildert.
Wie fühlst du dich in diesem Moment?

Und ist es dir gelungen? Eine genaue Beschreibung der Gefühlslage erfordert ein bewusstes Hineingehen und Erfassen der inneren Situation: Was geschieht gerade, was höre, sehe, rieche, fühle, schmecke ich in diesem Augenblick. Das ist notwendig, ansonsten wird es dir nicht besonders gut gelingen, deine momentanen Gefühle zu beschreiben.

Gefühle sind sehr vielfältig, es gibt sehr viele Varianten und Kombinationen und es können eine Vielzahl unterschiedlicher Gefühle angeregt sein, sodass ein kompliziertes Gefühlsgemisch aus vielen Gefühlen entstehen kann.

Aufgrund dieser Komplexität ist es sehr schwierig, das Fühlen in Worten zu erfassen und in ein einheitliches Schema zu bringen. Man kann dies mit Gegenständen machen, aber nicht mit einem Gefühl. Prüfen und Absichern von Gefühlen ist daher sowohl in alltäglichen als auch in psychologischen und psychotherapeutischen Kommunikationssituationen schwierig.

## Die Erinnerungsfähigkeit im Verlauf des Lebens

Obwohl uns die ersten drei Lebensjahre am meisten prägen, setzt unsere Erinnerung erst danach ein. Während dieser Zeit rutschen Erlebnisse einfach ins Unbewusste ab. Man nennt dieses Phänomen infantile Amnesie, also kindliche Erinnerungslosigkeit.

Grund für diese Amnesie ist die erst beginnende Entwicklung unseres Gehirns. Wir sind uns unserer selbst noch nicht bewusst und lernen erst »Ich« zu denken und zu sagen. Vor allem aber auch unsere fehlende Vorstellung über die Zeit ist ein weiterer Grund.

Über die nachfolgenden Jahre wissen wir viel und gehen mit unseren Erinnerungen zum Selbstschutz ganz speziell um:

Nach einer amerikanischen Studie stellt jeder vierte Erwachsene seine Erinnerung schöner dar, schmückt Details aus oder erfindet und erdichtet solche neu. Wenn uns Erlebnisse gar nicht passen, lassen wir sie auch einfach weg. Denn mit guten Erinnerungen lässt es sich besser leben.

Alte Menschen haben intensive Erinnerungen an Kindheit und Jugend. Denn das Gehirn arbeitet in dieser Zeit besser und vieles geschieht zum ersten Mal: in die Schule gehen und lernen, eine wichtige Freundschaft schließen, erste Liebe, Einstieg ins Berufsleben, die erste Wohnung, ... das prägt sich tief ins Gedächtnis ein und ist mit intensiven Gefühlen verbunden.

In den Jahren danach ist das Gehirn durch das Geschehen oft überbelastet. Auch wiederholt sich vieles und wird nicht mehr als aufregend empfunden. Da werden die Erinnerungen unklar und vage.

Trotzdem vergessen wir weniger als wir glauben. Je älter wir werden, desto mehr Nervenzellen verlieren wir. Aber! Blockaden fallen weg und der Zugang kann frei werden zu früherem Wissen.

So fielen einer 93-jährigen Frau plötzlich wieder die Gedichte ihrer Schulzeit ein und sie konnte »Das Lied von der Glocke« von Schiller nach 80 Jahren wieder vollständig und fehlerlos aufsagen!

**ÜBUNG**

Schließe deine Augen und versuche dich an irgendetwas in deinem Leben zu erinnern, das in deinen ersten drei Lebensjahren passiert ist. Erst wenn du dies versucht hast, lese weiter.
Gelungen? Hast du irgendein wirklich erlebtes Gefühl, das nicht aufgrund eines Fotos, sondern durch die Erinnerung entstanden ist?
Jetzt schließe wieder deine Augen und erinnere dich an das erste sexuelle Erlebnis deines Lebens? Wie sind deine Gefühle hier?
Höchstwahrscheinlich sind die Bilder in deinem Kopf verschwommen und etwas undeutlich, aber das Gefühl ist da!

### Wie Erinnerung entsteht und abgespeichert wird

Das Gehirn arbeitet wie am Fließband und das 24 Stunden täglich im Hochbetrieb und kann ganz klar als Wunder bezeichnet werden. Mit allen Sinnen nimmt ein Mensch pro Sekunde bis zu 11 Millionen Sinneseindrücke wahr.

Wir alle ärgern uns immer wieder wegen unserer sogenannten »Vergesslichkeit«. Wo liegt denn jetzt das Handy? Habe ich es verloren oder irgendwo vergessen? Doch das Vergessen ist ein ganz normaler Ablauf, denn unser Gehirn schützt sich hier vor Datenüberlastung und speichert nur das Wichtigste ab. Daher wird ein einzelner Vorgang wie zum Beispiel das Lesen einer Zahl zwar zuerst im Kurzzeitgedächtnis gespeichert, aber nach kurzer Zeit wieder verworfen.

Die Tätigkeit des Erinnerns besteht aus der Sammlung von Erfahrungen, die mit bereits gespeicherten Sinneseindrücken verglichen werden. Je öfter dies passiert, desto länger wird dies im Langzeitgedächtnis gespeichert. Das Gehirn kann auch einmalig Erlebtes ein ganzes Leben lang speichern. Bei Ereignissen wie schweren Stürzen oder Verbrennungen ist dies zum Beispiel häufig der Fall. Die starken Gefühle dieser Inhalte spielen dabei eine entscheidende Rolle. Denn Gefühle sind für die Erinnerung von großer Bedeutung. Und umso stärker die Emotionen, desto besser prägen sich die mit ihnen verbunden Ereignisse in unser Gedächtnis ein.

Die besondere Verbindung zwischen Gefühlen und Erinnerung ist sogar am Aufbau des Gehirns erkennbar: Wenn man sich das Gehirn näher ansieht, dann kann man an der Abbildung erkennen, dass der Schläfenlappen beziehungsweise Temporallappen für das Gedächtnis und für unsere Emotionen eine wichtige Rolle spielt. Die Amygdala, zu deutsch »Mandelkern«, ist ein Teil der Schläfenlappen. Die Amyg-

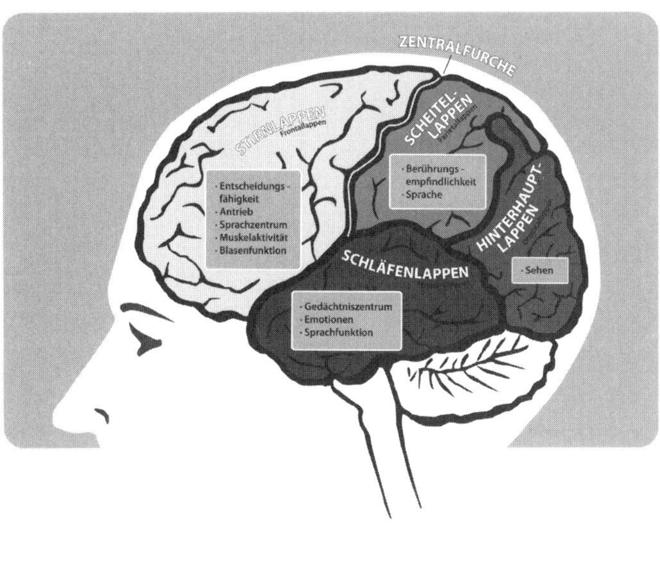

dala ist für unsere Gefühle zuständig, die hier entstehen und teilweise auch gesteuert werden. Die Amygdala aktiviert auch Alarmreaktionen, noch bevor das Großhirn darüber nachzudenken in der Lage ist.

Kommen wir nun aber noch einmal zu den 11 Millionen Sinneseindrücken zurück, die wir im Durchschnitt pro Sekunde wahrnehmen. Nur 40 davon kann unser Gehirn bewusst verwalten. Alle übrigen Eindrücke werden auf unbewusstem Weg erfasst, gefiltert, geordnet und schließlich in unserem Unterbewusstsein abgespeichert. Sogar während wir schlafen verarbeitet das Gehirn unsere Erinnerungen und Eindrücke.

Wie aber entstehen aus dieser Flut an Informationen konkrete Erinnerungen? Wie werden diese nachhaltig in unserem Gedächtnis gespeichert? Das Mehrspeichermodell der Informationsverarbeitung nach Atkinson und Shiffrin gibt Antwort auf diese Fragen:

**1. Stufe: Sensorischer Speicher oder Ultrakurzzeitgedächtnis**
Dieser Speicher ist eine Art Durchlaufspeicher mit Filter für die eingehende Informationsflut. Hier werden ausschließlich Inhalte übrig gelassen und weiterleitet, die sich an vorhandene Erfahrungen anknüpfen lassen oder unsere Aufmerksamkeit besonders erregen.

**2. Stufe: Arbeitsgedächtnis oder Kurzzeitgedächtnis**
Hier werden Reize, die auf bestimmte Motive, Interessen oder Assoziationen stoßen, verarbeitet und umgewandelt. Sie werden mit vorhandenen Umwelteindrücken und Inhalten aus dem Langzeitgedächtnis verbunden und bilden dadurch größere Informationseinheiten. Ihre Verweildauer im Arbeitsgedächtnis beträgt von wenigen Sekunden bis zu einigen Minuten.

**3. Stufe: Langzeitgedächtnis**
Nur jene Informationen gelangen in unser Langzeitgedächtnis, die für uns von besonderem Interesse oder durch wiederholte Erfahrung ausreichend gefestigt sind.

Die Speicherkapazität des Langzeitgedächtnisses ist unbegrenzt, Informationen können lebenslang gespeichert bleiben.

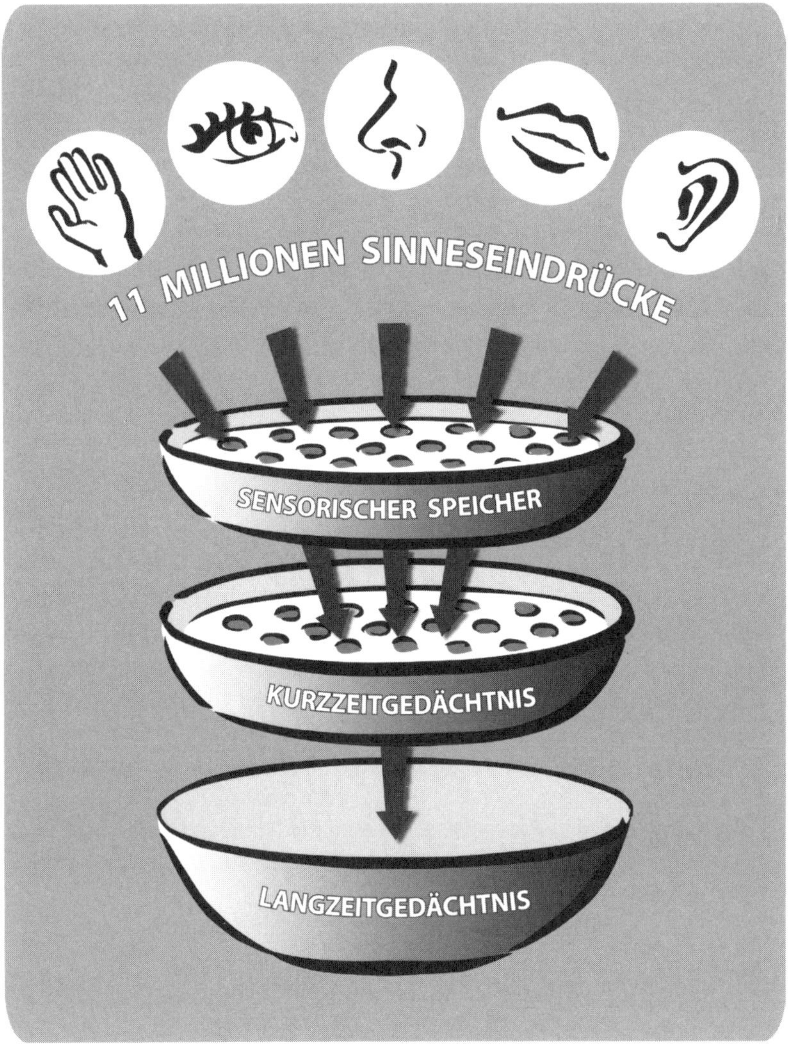


Ihre leichte und rasche Abrufbarkeit hängt einerseits davon ab, wie intensiv die vorangegangenen Informationsvernetzungen erfolgt sind, aber auch von Assoziationen in Form von Gefühlen, Bildern und anderen Sinneseindrücken. Dabei spielen vor allem auch die sinnlichen Umstände zum Zeitpunkt der Einspeicherung eine Rolle. Man spricht in diesem Zusammenhang von sogenannten somatischen Markern.

In gewissen Situationen kann das Erinnern allerdings auch von Überlagerungen blockiert oder behindert werden. Das erkennen wir daran, wenn wir etwas vergessen haben und uns einfach nicht mehr daran erinnern können.

Um das Abrufen von Erinnerungen zu verbessern, müssen wir die synaptischen Verbindungen zwischen den beteiligten Nervenzellen verstärken. Das erreichen wir, indem wir uns wiederholt mit unseren Erinnerungen beschäftigen, das heißt etwas, das wir im Gedächtnis behalten wollen, ständig wiederholen.

### ZUSATZINFO – SOMATISCHER MARKER

Jede Erfahrung verknüpft sich mit einem somatischen Marker, einer Art »Bauchgefühl«, das man bei der Einspeicherung hat. Ein somatischer Marker ist eine automatische Körperreaktion als Signal der emotionalen Befindlichkeit.
Jede Erfahrung wird dementsprechend individuell als »gut« oder »schlecht« festgeschrieben. Interessanterweise bleibt dieser somatische Marker in unserem Gedächtnis aber nicht konstant. Nach jedem Abruf einer Erinnerung werden die aktuellen Umstände ebenfalls dazugespeichert, sodass jeder neue Erinnerungsablauf die jeweils letzte Erinnerung überstimmt.

Die neue Gedächtnisforschung ordnet unserem Langzeitgedächtnis vier Gedächtniszentren zu. In diesen Gedächtniszentren sind Informationen unterschiedlicher Art abgelegt und ebenso unterschiedlich abrufbar:

Das **semantische oder deklarative Gedächtnis** ist das Zentrum für unser Faktenwissen wie geografisches Wissen, Vokabeln, Geburtsdaten und so weiter.

Das **episodische oder autobiografische Gedächtnis** ist Lagerstätte unserer vielen Erinnerungen an Lebensereignisse wie zum Beispiel die Erinnerung an die erste Fahrstunde. Sie sind in komprimierter Form gespeichert und enthalten bildhafte Elemente, Szenen, die sich wie ein Film abspielen. Geräusche, Klangfarben, Gerüche und vor allem Gefühle werden hier erzeugt.

Das **prozedurale Gedächtnis** ist für die Speicherung unserer motorischen Fähigkeiten zuständig wie zum Beispiel Gehen, Fahrradfahren oder Schwimmen.

Das sogenannte **Priming** geschieht im assoziativen Zentrum, in dem die Verarbeitung eines Reizes dadurch beeinflusst wird, dass ein vorangegangener (primender) Reiz eingeschlossene Gedächtnisinhalte aktiviert. Priming bewirkt eine höhere Wiedererkennung von Reizen. Menschen reagieren beispielsweise auf das Wort »Krankenschwester« schneller, wenn sie vorher das Wort »Arzt« verarbeitet haben.

Für meine Mind-Chilling-Methode ist das Gefühl aus der Erinnerung heraus ein wesentlicher Punkt um den Entspannungsmoment zu bekommen. Das Langzeitgedächtnis, genauer das episodische Gedächtnis, hilft uns hier, diesen Moment zu finden und wieder in die Gegenwart zu holen.

## Das Gehirn als Suchmaschine

Für unser Gehirn ist das gezielte Abrufen einer Erinnerung wie eine Zeitreise. Amerikanische Wissenschaftler haben in einem Test nachgewiesen, dass bevor der konkrete Gedanke an eine ganz spezielle Begebenheit ins Bewusstsein gelangt, genau die gleichen Hirnareale aktiviert werden wie zu dem Moment, als die Erinnerung entstand. Zu Beginn ruft das Gehirn nur Erinnerungen an allgemeine Informationen aus dem Umfeld des erlebten Ereignisses ab, die dann Erinnerungen an immer mehr konkretere Details bewirken. Die Teilnehmer des Tests sahen sich in der Studie insgesamt 90 Bilder mit Gesichtern berühmter Persönlichkeiten, bekannten Bauwerken und Orten sowie alltäglichen Gegenständen an. Zu jeder Abbildung sollten sie ein kurzes Statement abgeben, beispielsweise ob sie die Person sympathisch fanden oder nicht. Durch diese Bewertung sollten sich Teilnehmer intensiver mit dem Motiv beschäftigen und es in einem Zusammenhang abspeichern. Anschließend baten die Wissenschaftler die Teilnehmer, sich an so viele der 90 Motive zu erinnern wie möglich.

Sowohl während der Lern- als auch während der Erinnerungsphase wurde die Gehirnaktivität der Teilnehmer mithilfe der funktionellen Magnetresonanztomographie aufgezeichnet.

Ergebnis der Auswertung: Als die Teilnehmer in ihrem Gedächtnis nach den Erinnerungen suchten, näherte sich das Muster ihrer Gehirnaktivität immer mehr dem an, das während der Lernphase im Gehirn herrschte. Je ähnlicher sich die Muster aus Lern- und Erinnerungsphase wurden, desto detaillierter und besser konnten sich die Teilnehmer an die verschiedenen Motive erinnern.

Dieser Vorgang begann schon mehr als fünf Sekunden, bevor die Probanden die Erinnerung bewusst ausdrücken konnten.

Wie lassen sich diese Ergebnisse erklären? Das Gehirn produziert Querverweise und setzt beim Abrufen einer Erinnerung Informationsteilchen aus unterschiedlichen Bereichen zusammen.

Wir kennen dieses System auch aus dem Alltag. Wer zum Beispiel seinen Schlüssel verlegt hat, versucht sich ganz allgemein daran zu erinnern, was er beim letzten bewussten Benutzen getan hat. Diese allgemeine Erinnerung bewirkt dann die Erkenntnis bestimmter Details – das Ablegen der Jacke im Auto oder das Öffnen einer bestimmten Tür. Diese zusätzliche Erinnerung ruft wieder neue Details in Gedächtnis, bis man sich schließlich an den Schlüssel erinnert.

## Erinnerungen werden vergessen, Gefühle aber nicht

Justin Feinstein von der University of Iowa und seine Kollegen haben herausgefunden, dass Gefühle, obwohl sie untrennbar mit der Erinnerung verbunden sind, auch weiter existieren, wenn die Erinnerung nicht mehr vorhanden ist.

Wie ist man nun auf diese sehr spannende Erkenntnis gekommen, die für mein Mind Chilling von wesentlicher Bedeutung ist?

Die Forscher untersuchten dazu Patienten mit Gedächtnisverlust, der von einer Verletzung des Hippocampus verursacht wird.

Der Hippocampus zählt zu den evolutionär ältesten Strukturen des Gehirns und ist für das Abspeichern von neuen Erfahrungen zuständig. Er ist auch enorm wichtig für die Überführung von Gedächtnisinhalten aus dem Kurzzeit- in das Langzeitgedächtnis. Menschen, bei denen beide Hippocampi entfernt oder zerstört wurden, können keine neuen Erinnerungen formen und weisen somit eine anterograde, eine vorwärtsweisende Amnesie auf.

Bei dieser Amnesie ist die Merkfähigkeit für neue Bewusstseinsinhalte massiv reduziert. So können neue Dinge nur noch für ein bis zwei Minuten im Gedächtnis erhalten werden, ehe sie wieder vergessen werden.

Die Forscher zeigten den Testpersonen jeweils einen kurzen Film. Einer davon war lustig, im anderen Film war die Grundstimmung traurig. Fünf bis zehn Minuten nach Filmende wurden die Versuchspersonen über Details befragt. Wie erwartet, erinnerten sie sich kaum mehr an den Film – vier der fünf Personen konnten sich maximal fünf Details vergegenwärtigen.

Personen aus einer Kontrollgruppe mit unbeschädigtem Gehirn erinnerten sich hingegen im Schnitt an 30 Details.

Dennoch verspürten die Amnesie-Probanden noch längere Zeit nach Filmende Gefühle der Freude oder Traurigkeit, je nachdem, ob sie den deprimierenden oder lustigen Film gesehen hatten. Bei zwei Patienten blieben die Gefühle sogar deutlich länger bestehen als bei den Gesunden, die den Film noch präsent hatten.

Entgegen verbreiteter Vermutungen bedeutet also eine gelöschte Erinnerung nicht, dass auch die damit verknüpften Gefühle verschwunden sind.

Als elfjähriger Junge verbrachte ich aufgrund eines Nierensteins eine Woche im Krankenhaus. Dort lernte ich ein sehr hübsches Mädchen namens Simone im selben Alter kennen. Wir hatten viel Spaß, plauderten, schauten fern und freundeten uns innerhalb kürzester Zeit an. Ich spürte in mir, sofern man das als Elfjähriger spüren kann, sogar eine Art des Verliebtseins. Nachdem ich das Krankenhaus verlassen hatte, sah und hörte ich bis heute nie wieder etwas von Simone. Interessant für mich ist, dass ich mich an diese Woche im Krankenhaus 23 Jahre später kaum mehr erinnern kann, ich kann mir ihr Gesicht nicht mehr vorstellen, ich weiß nicht mehr, wie sie aussah. Aber: ich hab das Gefühl noch in mir, das ich damals fühlte.

Alleine jetzt darüber nachzudenken ist ein sehr seltsames Gefühl für mich, weil ich eine Emotion in mir habe, aber keine Bilder mehr.

*»Emotionen sind kein Luxus, sondern ein komplexes Hilfsmittel im Daseinskampf.«*

António R. Damásio, Neurowissenschaftler

## MIND CHILLING – DIE TECHNIK

Mind Chilling ist, wie bereits am Anfang dieses Kapitels erwähnt, eine von mir speziell entwickelte Entspannungsmethode, die jederzeit zu jedem Moment angewandt werden kann und für jedermann umsetzbar ist: So können Sie mit den schönsten Erinnerungen und Gefühlen aus der eigenen persönlichen Vergangenheit entspannen und sich wohl fühlen.

Diese Technik ist einfach und sehr effektiv. Man muss keine langwierigen suggestiven Sätze lernen. Auch muss man sich nicht monatelang einem komplexen Meditationssystem unterwerfen. Mind Chilling soll dir die Möglichkeit und vor allem Chance bieten, Kraft zur Entspannung aus deinem eigenen Leben zu bekommen. Individuell und zielgerichtet auf deine Bedürfnisse ist diese Methode dein mentales Wellnessprogramm.

Wir alle sehnen uns nach Ausgeglichenheit, Ruhe, Glück und Geborgenheit. Mind Chilling kann dir zeigen wie du diese Gefühle aus dir herausholen und wirken lassen kannst.

Um seine positiven Gefühle aus der Vergangenheit so stark wie möglich ins Hier und Jetzt zu holen, ist es ratsam, folgende Abläufe der Reihe nach zu befolgen. Ziel dieser mentalen Technik ist es, die gefühlte Entspannung aus der Vergangenheit wieder zu erleben und zu genießen.

Nimm dir jetzt 10–20 Minuten Zeit um Mind Chilling auszuprobieren und Körper und Geist zu entspannen. Nichts an der folgenden Übung sollte dir Stress bereiten, am besten du überlegst erst später und nicht während der Übung, ob du es richtig oder falsch machst.

Das Wichtigste ist, die Entspannung zu fühlen.

**TIPP**

Diese mentale Entspannungstechnik wird in dir immer intensiver, je zielgerichteter und bewusster du das System anwendest.

## PHASE 1 – STILLE

Suche dir einen Ort, an dem du ungestört bist und einen angenehmen Platz zum Liegen hast. Wenn es dir mit ruhiger Musik noch leichter fällt, zu entspannen, dann schalte sie jetzt ein. Ich empfehle hier eine Entspannungsmusik ohne Gesang, am besten mit Klavier oder Gitarre.

## PHASE 2 – PERSÖNLICHEN MOMENT FINDEN

Beantworte dir folgende Fragen, um einen besonderen Moment in deinem vergangenen Leben zu finden.

Was war einer der schönsten Momente deines Lebens, an dem du dich auch am meisten entspannt hast?

Welchen Moment, welche Situation hast du so stark genossen und gleichzeitig absolute Ruhe und Entspannung gefühlt?

Bei welchem schönen Erlebnis aus deiner Vergangenheit hast du dich rundherum wohl, glücklich und vollkommen geborgen gefühlt?

Wichtig: Diese Situation darf aus der heutigen Sicht mit keinem negativen oder traurigen Ereignis in Verbindung gebracht werden (Trennung, Tod, Misserfolg etc.) und sollte ein Moment sein, in dem man nur selbst eine Rolle spielt.

**TIPP**

Sehr beliebt sind Momente, in denen man bewusst und alleine das Schöne an der Natur genossen hat, wie zum Beispiel barfuß am Strand gehen, mit dem Sand spielen, das Meerwasser an den Füßen fühlen. Entscheide selbst, welche Situation aus deinem eigenen Leben für dich so stark und entspannend war!

Nimm dir ein paar Minuten Zeit, den Moment zu finden, den du am intensivsten erlebt hast.

Erinnerungen an Erlebnisse aus dem Urlaub, mit der Familie, in deiner Freizeit oder ungewöhnliche Ausflüge können dir dabei sicherlich hilfreich sein.

Schreibe den persönlichen Entspannungsmoment aus deiner Vergangenheit hier auf, um dich immer wieder an deine Entscheidung zu erinnern:

**PHASE 3 – RUHE**

Lege dich bequem auf ein Sofa oder ein Bett und schließe deine Augen. Gegebenenfalls ist auch ein kuscheliger Sessel in Ordnung.

Schließe deine Augen und atme ein paar Mal tief und ruhig durch.

Einatmen und ausatmen.

Nichts und niemand kann dich jetzt stören und alles um dich herum blendest du vollkommen aus.

Fühle ganz bewusst, wie die eingeatmete Luft durch deinen ganzen Körper strömt und beim Ausatmen wieder durch deine Nase fließt.

Gibt dir Zeit und atme langsam, tief und stell dir dabei vor, wie du mit jedem Atemzug immer tiefer in einen entspannten Zustand sinkst.

Entspanne jetzt auch deinen ganzen Körper. Spüre, wie sich deine Muskeln vollkommen entspannen und lösen. Fühle, wie auch deine noch nicht entspannten Körperstellen entspannen und sich lockern und immer mehr in deiner Liegefläche versinken. Die gesamte Anspannung verlässt deinen Körper und fällt von dir ab.

Jetzt sprichst du mit dir in deinen Gedanken. Versuche die Botschaft deiner eigenen Gedanken bewusst zu hören. Dies verstärkt die Wirkung und kann direkt in das Unterbewusstsein gehen. Das heißt du hörst nur dich in deinen Gedanken und du hörst deine eigene innere Stimme, die Folgendes zu dir sagt:

»Ich bin ganz ruhig und entspannt. Jeder Atemzug bringt mich tiefer und tiefer in einen angenehmen Zustand des Wohlfühlens und der Wärme. Meine Arme und Beine werden mit jedem Atemzug immer schwerer und schwerer, mein Nacken und meine Schulter entspannen sich vollkommen. Meine Brust, mein Bauch, mein Rücken, mein Kopf, mein ganzer Körper sinkt immer tiefer und tiefer und entspannt sich mehr und mehr.«

**PHASE 4 – DIE ZEITREISE**

Vollkommen entspannt stellst du dir vor, dass du selbst eine Zeitmaschine bist. Du reist jetzt nur in deinen Gedanken zurück in deine Vergangenheit.

Der Kalender blättert zurück, Tage, Monate, Jahre, wohin du möchtest.

Deine Zeitmaschine bleibt genau in dieser Zeit, in dieser Minute stehen, in der du deinen persönlichen Entspannungsmoment erlebt hast.

Jetzt siehst du ihn plötzlich vor dir, du erlebst ihn noch einmal, wie wenn du mitten im Geschehen wärst. Um diesen Moment voll und ganz wieder zu erleben, musst du ihn mit allen Sinnen fühlen.

Beobachte als Erstes alles in deiner Umgebung und schau dir alles ein paar Minuten lang genau an!

Beantworte dir folgende Fragen: Wo bist du? Was machst du in diesem Moment? Wie ist die Umgebung? Wie ist die Tageszeit? Wie ist das Wetter? Welche Menschen sind um dich herum?

Wenn du alle Details aus dieser erlebten Situation optisch erkannt hast, dann konzentriere dich auf das Hören.

Welche Geräusche nimmst du wahr? Welche Töne kannst du aus der Umgebung wahrnehmen? Was sprechen die Menschen, falls welche da sind? Hörst du dich selbst?

Als nächsten Schritt konzentrierst du dich auf das Riechen.
Welche Düfte nimmst du in deiner Situation wahr? Riecht es angenehm?
Nachdem du dich an alle Gerüche erinnert hast, konzentrierst du dich auf deinen Geschmacksinn.

Hast du in diesem Moment etwas gegessen oder getrunken? Welchen Geschmack hast du im Mund? Kannst du dich an etwas Spezielles dabei erinnern?
Nach dem Geschmack legst du deinen Schwerpunkt auf den Tastsinn.

Was fühlst du an deiner Haut? Berührst du etwas in deiner Situation? Hast du Schuhe an oder bist du barfuß unterwegs? Was fühlen deine Sohlen?

**PHASE 5 – GEFÜHL ERLEBEN**

Zum Schluss werden dir alle Sinneseindrücke helfen, den wichtigsten Eindruck zu erleben: das stärkste, intensivste Gefühl, das du in deiner Situation hattest, wieder zu spüren und in dir hochleben zu lassen.

Welches Gefühl spürst du? Warum fühlst du das? Wo spürst du dieses Gefühl? Wie intensiv ist dieses Erlebnis?

Wenn du in deinen Erinnerungen ein Gefühl spürst, dann halte dieses Gefühl fest.

Spüre, wo sich dieses Gefühl in dir befindet und wo du es in deinem Körper fühlen kannst.

Je länger du dieses Erlebnis durchlebst, desto intensiver wird das Gefühl, das du damals erlebt hast.

Kommen mehrere unterschiedliche Gefühle in dir hoch, ist das wunderbar. Jedes starke positive Gefühl ist willkommen und soll sich in deinem ganzen Körper verbreiten.

Dein Ziel ist es, dass du alle Gefühle ganz intensiv werden lässt.

**PHASE 6 – ENTSPANNUNG ERLEBEN**

Mind Chilling bedeutet, genau diese Situation so real in deinen Gedanken zu erleben und zu erfühlen, dass du wahre Entspannung dadurch bekommst. Das wunderschöne Gefühl, das traumhafte Erleben deiner Situation entspannt deinen Geist und deinen Körper.

Nachdem du es mit allen Sinnen erlebt hast, lass dich in Phase 6 einfach treiben und genieße deine Gedanken.

Sprich in Gedanken zu dir selbst:

»Ich bin bei mir, meine Gedanken haben mich zu meiner Entspannung geführt. Ich genieße dieses wunderbare Erlebnis und erfreue mich daran. Jeder Gedanke, jedes Gefühl ist für mich Entspannung pur!«

Wenn du das Gefühl hast, genug entspannt zu haben, dann zähle mit deiner inneren Stimme von 0 bis 10. Mit jeder Zahl stellst du dir vor, dass deine Arme und Beine wieder leichter werden, dass du immer wacher wirst, wieder zurückkommst ins Hier und Jetzt und dass du dich vollkommen erholt und frisch fühlst. Bei 10 öffnest du die Augen und bist wieder munter und wach.

Der Ablauf der Technik kann in mehreren Varianten geschehen.

Du selbst merkst dir den Text und sprichst ihn dir mit deiner inneren Stimme vor. Du führst dich sozusagen selbst durch die Übung.

Genauso kannst du jemanden bitten, dir den Text vorzulesen. Jemanden aus deiner Familie oder aus deinem Freundeskreis, dem du anvertraust, den Text in ruhigem Tonfall vorzulesen, während du übst.

Du selbst kannst dir den Text auch aufzeichen, am besten mit einem Handy mit Recordfunktion, und ihn dann zur Übung abspielen.

Als Service für alle Leser dieses Buches habe ich den Text gesprochen und du kannst dir die dazupassende MP3-Datei gerne auf der Webseite meines Institutes downloaden und damit üben.

Du findest die Datei unter www.manuelhoreth-institut.at, dann bei Hörübungen mit dem Passwort »mental« einloggen und die Datei »Mind Chilling« abspeichern.

**TIPP**

Wenn du einmal dieses Gefühl von vorhin aus deiner Vergangenheit erlebt hast und diese Übung regelmäßig machst, dann wirst du in einiger Zeit die Fähigkeit erlangen, nur durch kurzes Schließen der Augen und intensives Denken an deine Situation dieses besondere, positive Gefühl sofort zu erleben. Das heißt, du kannst dann in wenigen Sekunden sofort alles abschalten, in dich gehen und entspannen.

Ich selbst nütze meine Erlebnisse auf dem See als diesen Moment. Jedes Mal, wenn ich Ruhe benötige und einfach nur für ein paar Sekunden »weg« sein möchte, gibt mir das die Möglichkeit dazu. Und es funktioniert einfach wunderbar.

## EXTRAENTSPANNUNG: DER DAY OFF

Alberto lernte ich vor zehn Jahren kennen. Einer der besten und leidenschaftlichsten Musiker und ein Mensch, der die Höhen und Tiefen des Lebens bis an die möglichen Grenzen kennengelernt hat. Alberto hatte mich als Künstler und Mensch sehr interessiert und wurde einer meiner besten Freunde. Vor zehn Jahren haben wir viel Zeit miteinander verbracht und dabei über Gott und die Welt, aber vor allem unsere Visionen miteinander philosophiert. Ich habe schon als Jugendlicher in einem Buch gelesen, man soll sich Verbündete und Gleichgesinnte suchen, um an seinen Visionen zu arbeiten. Damals habe ich begonnen, bewusst über meine Zukunft nachzudenken. An Alberto haben mir besonders seine Spontanität, seine scheinbare Planlosigkeit, seine Bewegtheit, seine enorme Energie und sein Erfolg gefallen. Ganz besonders jedoch, dass er stets gut gelaunt, voller neuer Ideen war und offenbar echten Spaß am Leben hatte, kaum den Mut verlor und niemals, wirklich niemals aufgab.

Auch ich war bisher beharrlich meinen Weg von Erfolg zu Erfolg gegangen. Dabei musste ich feststellen, je erfolgreicher ich wurde und meine Ziele erreichte, desto weniger Tage fand ich, an denen ich auftanken, mich erholen oder entspannen konnte. Ja, ich musste befürchten, wenn es so weiterging, würde es keine Freizeit mehr für mich geben. Ich geriet innerlich irgendwie in Not darüber und kreierte spontan meinen mir mittlerweile absolut heiligen »Day off«.

Motiviert durch ein stark verinnerlichtes Wissen aus meiner Schulzeit im Sportgymnasium – wenn man einen Muskel anspannen will, muss man ihn vorher entspannen – entstand mein Day off.

Der Day off ist meine kleine und alltägliche Vision vom Ausstieg.

Einmal pro Woche steige ich einen Tag lang aus dem Jetzt aus, schalte vollkommen ab und lasse mich durch nichts und niemanden an diesem Ausstieg behindern. Wenn ich in meinen vollen Terminkalender schaue, blitzen diese Day-off-Tage mir orange eingefärbt entgegen und erfüllen mich mit einem heftigen Gefühl der Vorfreude. Im Kalender trage ich diese Day-off-Tage schon vorher ein, um mich auch schon im Vorhinein darauf zu freuen. Ein Day off bedeutet einen 3-fach-Kick zu bekommen: Vorfreude viele Tage davor – tiefste und emotional befreiende und befriedigende Entspannung am Tag selbst – und das Nachklingen dieser wundervollen Gefühle noch Tage danach. Ich bin frisch, munter, voller Tatendrang und verspüre Lust am Tun. Mein Kopf ist frei und ich bin ungeheuer kreativ und belastbar.

Der Day off ist mir heilig geworden: ein Tag der erlaubten Planlosigkeit, Ziellosigkeit und der spontanen Entscheidungen. Ohne Verpflichtungen oder einen Gedanken an berufliche Angelegenheiten, dringend zu Erledigendes, ohne schlechtes Gewissen – ein Urlaub von der Gegenwart.

An einem solchen Tag wird kein Wecker gestellt, sehe ich nicht auf die Uhr, lebe ich einfach so in den Tag hinein, genieße ich freie Stunden mit meiner Frau und mache, wonach mir gerade der Sinn steht – auch einmal zwei Stunden in die Luft schauen!

Der Computer und das Telefon bleiben abgeschaltet.

Ich mache alles, worauf ich gerade Lust habe, selbst wenn es der spontane Entschluss wäre, zum Spaß nach Venedig auf einen Cappuccino zu fahren.

Meine Arbeit als Selbstständiger habe ich nie als anstrengend erlebt. Denn ich habe mich beruflich immer um meine Träume gekümmert. Arbeit ist für mich eine Tätigkeit, um mir die Freiräume zu schaffen, mit denen ich meine Träume erreiche. Daher arbeite ich auch in erster Linie für mich selbst und dann erst für andere. Trotzdem möchte ich, dass mein Umfeld genauso zufrieden und glücklich ist, wie ich es bin.

Um dieses Lebenskonzept leben zu können, brauche ich meine Days off. Sie gewährleisten, dass ich entspannt meine Arbeit erledige, die in erster Linie dazu da ist, meine Träume Wirklichkeit werden zu lassen und dann anderen Freude damit zu bereiten.

Und diese Days off geben mir die Möglichkeit, danach wieder mehr als hundert Prozent geben zu können und mental für meine Herausforderungen voll und ganz da zu sein.

Die Botschaft meines Day off soll nicht sein, sich einfach mal einen Tag frei zu nehmen, das machen wir doch alle! Nein, meine Botschaft bedeutet, dass du einen wöchentlichen Day off zelebrieren sollst. Wie ein Geburtstag ist dies dein regelmäßiger Lebenstag. Du machst Urlaub von deinem Leben, um entspannt und noch stärker wieder zurückzukommen. Dieses bewusste Aussteigen und Erleben purer Entspannung ist für mich mehr als ein Sonntag. Sonntag ist immer und fremdbestimmt, der Day off ist dann, wann ich es möchte und selbstbestimmt.

**TIPP**

Finde deinen eigenen Day off und erlebe diesen Tag als DEINEN Tag, der dein Leben noch lebenswerter und größer macht, spüre ihn so intensiv wie nur möglich und nütze diese positiven Erinnerungen des Day off als Entspannungsgefühl später fürs Mind Chilling!

## MIND CHILLING ALS 1. ELEMENT IM HORETH-PRINZIP

Mind Chilling hast du in diesem Kapitel als Methode zur Entspannung kennengelernt. Diese Methode kann für sich alleine stehen. Das bedeutet, du kannst Mind Chilling, ohne an das Horeth-Prinzip zu denken, anwenden. Mind Chilling ist ein selbstständiges Element und kann deinen gewünschten Entspannungszustand bringen. Genieße deine intensiven Glücksgefühle und nütze Mind Chilling wann immer du Lust und Zeit hast und Entspannung brauchst.

Mind Chilling ist aber auch das 1. Grundelement des Horeth-Prinzips. Es bietet die Basis um weiterarbeiten zu können. Um mit diesem Prinzip selbst in der Lage zu sein, Probleme zu bekämpfen oder Ziele zu erreichen, musst du zu Beginn in der Lage sein, vollkommen entspannen zu können.

Um also an einem konkreten Ziel anzusetzen und mental daran zu arbeiten, das Verlangen zu stärken, dieses Ziel zu erreichen, ist das Mind Chilling die ideale Ausgangslage. Die Entspannung benötigen wir, um klar zu denken und frei zu sein für unsere Zukunft, frei von jeder Last in unseren Gedanken sowie entspannt und zufrieden in unserem Gesamtgefühl.

Mit dem Mind Chilling arbeitet das Horeth-Prinzip zu Beginn mit deiner Vergangenheit und nützt diese positiven Entspannungsmomente um dann nach vorne zu reisen in deine Zukunft. Dazu aber dann später mehr in den nächsten Kapiteln.

Du hast nun schon zwei Fliegen mit einer Klappe geschlagen, denn einerseits hast du mein mentales Entspannungsprogramm kennengerlernt und zum ersten Mal erlebt und andererseits hast du den Grundstein gelegt, entspannt zum nächsten Element zu gehen um an deinen Zielen konkret zu arbeiten.

# 2. IMAGINATION

## DER FAHRSTUHL

Vor über hundert Jahren drückte in der Schweiz ein siebzehnjähriger Junge die Schulbank. Er liebte es, sich Unmögliches vorzustellen, die verrücktesten Ereignisse zu imaginieren und einsam in den Tag hinein zu träumen. Er fragte viel, er verlor sich in seinen Gedanken, wirkte oft abwesend und schien nicht gerade klug. Die Schule mochte er nicht.

Eines Tages, als dieser Schüler wieder einmal so vor sich hinträumte, sah er sich in seinen Gedanken in einem Fahrstuhl stehen. Er blickte umher und fragte sich plötzlich, was denn in diesem Fahrstuhl passieren würde, wenn man die Kabel durchschnitt und alles – der Fahrstuhl samt Insassen – frei nach unten fiele. Diese Frage ließ ihn nicht mehr los. Immer und immer wieder hatte der Junge diese Vorstellung – nicht als Albtraum, sondern als ernst gemeinte physikalische Überlegung. Er hatte das Gefühl, dass dieser Tagtraum der Schlüssel sein könnte, um hinter das Geheimnis der Schwerkraft zu kommen. So begleitete ihn diese Imagination bis in sein Erwachsenenalter und wurde schließlich der Auslöser für eine bahnbrechende physikalische Entdeckung.

Einige Jahre später schrieb der Schüler, aus dem mittlerweile ein Angestellter geworden war, rückblickend über seine bahnbrechende Erkenntnis: »Ich saß im Berner Patentamt in einem Sessel, als mir plötzlich der Gedanke kam: Wenn sich ein Mensch im freien Fall befindet, wird er seine eigene Schwere nicht empfinden können. Mir ging ein Licht auf. Dieser einfache Gedanke beeindruckte mich nachhaltig. Die Begeisterung, die ich da empfand, trieb mich dann zur Gravitationstheorie.«

Einen Spinner, einen Tagträumer – so hatten ihn viele genannt, als er noch klein war. Nun hielt ihn die ganze Welt für ein Genie. Sein Verhalten aber hatte sich bis zu seinem Tod nicht wesentlich verändert!

Der Name dieses Träumers war Albert Einstein. Er wurde zum größten Wissenschaftler aller Zeiten. Diese wahre Geschichte fasziniert mich schon seit vielen Jahren und ich bewundere die Gedankenkraft dieses Genies, das es geschafft hat, seine Träume Wirklichkeit werden zu lassen.

So könnte der Fahrstuhl in Albert Einsteins
Träumen ausgesehen haben.

»Was wäre, wenn ...?« – das ist die bedeutendste Frage aller Wissenschaftler. Entwickelt man sie weiter, spinnt man Ideen und findet man kreative Lösungsansätze, dann kommt man auch zu Einfällen, die noch keiner zuvor hatte. So entstehen neue Theorien – Theorien, die unsere Welt verändern! So entstanden die einzigartigen Theorien von Albert Einstein.

Fantasieren, Imaginieren und Träumen waren das ganze Leben lang seine Lieblingsbeschäftigungen. Vielleicht sind viele seiner Ideen gerade deshalb so faszinierend, weil sie nicht am Schreibtisch mit Formeln, sondern zuerst in seinen Träumen geboren wurden.

## WAS IST IMAGINATION?

Fantasieren, sich etwas vorstellen und es sich in allen Details ausmalen, sich etwas wünschen und erträumen, gedanklich die Grenzen von Raum und Zeit verschieben – all das ist für mich Imagination. Imagination bezeichnet die Vorstellungskraft, genauer die menschliche Fähigkeit, etwas zu visualisieren, das nicht, noch nicht oder nicht mehr vorhanden ist. Der Ursprung des Wortes liegt im lateinischen »imago« und bedeutet Bild oder Abbild.

Der Begriff »imaginatio« wird mit Einbildung, Fantasie und Vorstellung übersetzt. Jemand, der imaginiert, ist dazu fähig, bei wachem Bewusstsein innere Bilder zu erzeugen und diese beinah beliebig zu formen und sehr intensiv wahrzunehmen.

Im Gegensatz zu realen Bildern sind innere Bilder aber nicht nur auf die visuelle Wahrnehmung beschränkt. Alle Sinne können an ihnen beteiligt sein. So können wir, wenn wir imaginieren, auch Gerüche, Geräusche und Geschmäcker wahrnehmen. Auch können wir spüren, wie sich etwas anfühlt.

**TEST**

Versuch dir einen Moment lang Folgendes vorzustellen: Es ist ein warmer Tag im Frühsommer. Es weht ein leichter Windhauch und du sitzt auf einem alten Holzsteg am See. Deine Schuhe und Socken hast du ausgezogen, deine Hosenbeine nach oben gestülpt. Langsam streckst du eine Zehe nach der anderen ins Wasser. Fühlst du die Temperatur des Wassers? Atme tief ein! Kannst du den Duft des Sees riechen? Jetzt streichst du mit einer Hand über den alten vergrauten Holzsteg. Fühlst du seine Oberfläche? Neben dir am Steg steht im Übrigen ein Becher mit cremigem Schokolade-Vanille-Eis – du hast ihn mitgebracht. Er ist garniert mit einer knusprigen Waffel. Nimm die Waffel heraus und beiße hinein! Tauche sie in das Schokoladeneis und nimm einen weiteren Bissen. Schmeckst du die Süße der Waffel, den Kakao der Schokolade? Was fühlst du? Freude, Genuss? Abneigung, weil dir diese Eissorten nicht schmecken?

Du merkst, innere Bilder können eine erstaunliche Lebendigkeit und starke emotionale Ausstrahlung entwickeln! Sie ähneln Traumbildern. Im Unterschied zu diesen können wir ihr Entstehen jedoch durch unseren Willen beeinflussen und weitgehend steuern.

Warum imaginieren wir Menschen?

Ich denke, diese Frage ist sehr individuell zu beantworten. Der eine stellt sich Bilder vor, die ihn beruhigen und entspannen, der andere wiederum nützt Bilder, um Spaß zu haben, dem Alltagsleben zu entkommen oder als Quelle für Motivation und Kraft.

Imagination stellt für mich nicht nur eine mentale Methode dar um zu visualisieren. Imagination heißt für mich auch, die Fähigkeit zu besitzen, sich selbst vollkommen frei fliegen zu lassen und in Bereiche zu gleiten, die du noch nie aufgesucht hast.

## Die Fähigkeit der Imagination

Imaginieren kann grundsätzlich jeder von uns, denn die Imagination ist eine wesentliche Fähigkeit unseres Gehirns. Wir benötigen sie auch für die Informationsverarbeitung. Allerdings ist sie von Mensch zu Mensch unterschiedlich stark ausgeprägt. Manche können sich mit Leichtigkeit die ungewöhnlichsten Dinge in allen Farben ausmalen, für andere ist schon die Imagination einfacher Bilder mit Anstrengung verbunden.

Wir alle können jedoch üben, innere Bilder noch bewusster wahrzunehmen. Und wir alle könnten davon profitieren, unsere Imaginationsfähigkeit noch gezielter einzusetzen, denn sie bietet unzählige Vorteile, zu denen ich gleich noch kommen werde.

Wie man imaginieren kann, welche Technik hier anzuwenden ist und warum Imagination als 2. Element im Horeth-Prinzip neben dem Mind Chilling eine wesentliche Basis bildet, werde ich dir in diesem Kapitel genau erklären.

### Arten der Imagination

Es werden grundsätzlich drei Arten der Imagination unterschieden – je nachdem, in welchem zeitlichen Zusammenhang das Vorgestellte gesehen wird.

**Die vergangenheitsbezogene Imagination**
Bei der vergangenheitsbezogenen Imagination holt sich der Mensch Erlebtes aus seiner Erinnerung wieder ins Bewusstsein und stellt es sich vor. Diese Variante haben wir bereits beim Mind Chilling kennengelernt.

**Die zukunftsbezogene Imagination**
Wenn wir unsere die Zukunft betreffenden Erwartungen (positive wie negative), Träume und Wünsche ausmalen, bedienen wir uns dieser Art der Imagination.

Die zukunftsbezogene Imagination ist die für das Horeth-Prinzip wichtigste Vorstellung, da wir hier beginnen können, unsere Ziele zu formen.

**Die abstrakte Idee**
Die letzte Variante der Imagination ist die der abstrakten Idee. Zu ihr zählen innere Bilder, die ohne zeitlichen Bezug zur Wirklichkeit stehen. Etwa wenn wir uns vorstellen würden, uns mit unserer Katze zu unterhalten, ohne jedoch zu glauben, dass dies zukünftig jemals möglich sein könnte.

## IMAGINATION – BEWUSSTE UND UNBEWUSSTE TAGTRÄUME

Seit meiner Kindheit liebe ich es, aus dem Fenster zu schauen und die Natur zu beobachten, die Wolken fliegen zu sehen, alles, was einen beschäftigt, wie einen Film am Himmel ablaufen zu sehen. Ich bekomme immer ein ganz starres Gesicht und blende alles um mich herum aus, höre rundherum nichts mehr und nehme nur noch das wahr, was ich in diesem Moment denke. Schon in der Schule war das Spannende für mich nicht das Geschriebene auf der Tafel, sondern die andere Seite der Fensterseite des Klassenzimmers. »Und Manuel träumt gerade wieder ...«, hieß es dann immer aus dem Mund der Lehrer. Sie sahen mich alle als Träumer, als jemanden, der von Dingen träumt, die nicht real sind und die nie Wirklichkeit werden würden.

Aus heutiger Sicht bekomme ich ein Lächeln auf den Lippen, wenn ich an diese Zeit zurückdenke, und ein unglaublich großes Gefühl der Bestätigung, wenn ich daran denke, wie mich meine Lehrer belächelt haben. Ich finde, dass man in der Schule die Kreativität der Schüler viel mehr fördern sollte, die freie Entfaltung und die Chance, Träume zu entwickeln. Vielleicht würden die Schüler dann viel leidenschaftlicher ihre Berufswahl treffen und sich viel effektiver, schneller und erfolgreicher in ihrem Beruf entwickeln.

Es gibt nun zwei verschiedene Möglichkeiten, am Tag, wenn wir wach sind, zu träumen. Bei der einen Variante versuchen wir uns eine Gegebenheit *bewusst* vorzustellen. Bei der anderen versinken wir *unbewusst*, ohne willentliche Steuerung, in unseren Tagträumen: Unser Blick richtet sich plötzlich ziellos in die Ferne und wir vertiefen uns in die eigene Gedankenwelt. Eine besondere Eigenschaft dieser Form ist, dass wir unsere Umwelt nicht mehr wahrzunehmen scheinen. Wie beim nächtlichen Träumen verlassen wir sozusagen die Realität. Worte und Aktionen anderer Menschen registrieren wir nicht mehr. Erst ein Überraschungsmoment lässt uns wieder aus unserer Abwesenheit erwachen.

Eine ähnliche Weise des unbewussten Tagträumens tritt auf, wenn uns ein Buch oder ein Film so richtig fesselt. Du wirst nichts lesen, ohne dir den Ort der Handlung in Bildern vorzustellen. Unsere persönliche Gabe zur Fantasie und unsere Fähigkeit für Tagträume machen es möglich, dass wir in unserem Kopf aus Papierseiten spannende, lebendige, aufregende Abenteuer oder auch sinnliche, romantische und erregende Geschichten mit allen nur möglichen Details formen.

Wie vorhin schon erwähnt gibt es auch die andere Version des Tagträumens – das bewusste Träumen. Wir alle haben uns schon einmal bewusst und willentlich etwas ganz intensiv vorgestellt, fantasievolle Menschen machen das etwas häufiger. In diesen Tagträumen erschaffen wir uns die Möglichkeit, gezielt gesteuert unserer realen, abgegrenzten Welt zu entkommen, Raum und Zeit hören wie im Nachttraum auf zu existieren. Diese Tagträume stellen für uns einen Raum der Freiheit dar, den wir bewusst nutzen können. Denn dann ist es möglich, alles bewusst zu träumen.

## Imagination als Raum der Freiheit

Unsere Imaginationskraft bietet uns Platz für Fantasien aller Art. In unserer Vorstellung können wir Bestehendes verändern und uns all unsere Wünsche erfüllen. Wir können ein weltberühmter Superstar sein, wir können uns auch vorstellen das Leben eines Lottomillionärs zu leben oder wie es sich anfühlt, wenn man der Präsident der USA wäre. Wir können davon träumen, auf einem Kreuzfahrtschiff über den Atlantik zu fahren, ein Restaurant über den Dächern New Yorks zu eröffnen, gedanklich zu Fuß die Welt zu umrunden oder das noch nicht geborene eigene Kind in den Schlaf zu singen. Dabei handelt es sich dann in der Regel um noch nicht erreichte und sehr ferne Träume. Aber mit einem sehr wesentlichen Aspekt: Wir führen selbst Regie! Mit Imaginationen können wir Grenzen erweitern und sie neu setzen – nach unseren Vorstellungen. Diese Wunschvorstellungen haben eine positive Wirkung, da ähnlich dem Mind Chilling auch positive Emotionen erzeugt werden und diese beruhigend für unsere Stimmungslage und unser seelisches Gleichgewicht sind.

*»Die Vorstellungskraft ist der Anfang der Schöpfung. Man stellt sich vor, was man will – man will, was man sich vorstellt – und am Ende erschafft man, was man will.«*

George Bernhard Shaw, Dichter

## AUSWIRKUNGEN DER IMAGINATION

Imaginationen werden von vielen unwissenden Menschen als unsinnige Tagträumereien abgetan. Doch in Wirklichkeit sind sie das Erfolgsgeheimnis aller Visionäre, Erfinder, kreativ Schaffenden, Künstler, hervorragenden Geschäftsleute und Manager. Warum die Imagination so eine besondere Bedeutung hat, werde ich dir jetzt sehr gerne erklären.

### Imaginationen führen zum eigenen »Ich«

Die Art und Weise, wie wir unsere Umwelt wahrnehmen, wird unbewusst von unseren Emotionen und Gedanken beeinflusst. Ein und dieselbe Situation kann daher von allen Beteiligten auf ganz andere Art und Weise erlebt werden.

Ein Beispiel: Zwei Menschen bekommen einen Bungee-Sprung zum Geburtstag geschenkt. Der eine ist von jeher ein ängstlicher und schreckhafter Mensch. Er kann sich über dieses »Geschenk« kaum freuen. Er wundert sich nur, warum seine Bekannten ihn sogar ermutigen, so ein großes Risiko einzugehen, und beginnt etwas an ihrer Freundschaft zu zweifeln. Die mit dem Sprung verbundenen Gefahren sieht er deutlich vor Augen. Er bekommt Angst und unangenehme Bilder in seinem Inneren. Dass ein solches Erlebnis auch Spaß und Freude bereiten könnte, kommt ihm gar nicht erst in den Sinn. Der zweite, der dieses Geschenk erhält, ist ausgesprochen abenteuerlustig. Er denkt an den mit dem Sprung verbundenen Adrenalinstoß und freut sich schon jetzt darauf, dieses unglaubliche Freiheitsgefühl zu erleben. Er ist nun einmal mehr überzeugt: Seine Freunde sind die besten der Welt! Er sieht sich schon auf der Kante der Brücke stehen und hat die Weite und das Gefühl von Vorfreude und Abenteuer in seinem Inneren. Die möglichen Risiken des Sprungs blendet er völlig aus seinen Gedanken aus.

Ein und dasselbe Geschenk, zwei Mal völlig unterschiedlich wahrgenommen – einmal als großartiges Erlebnis, einmal als schwerwiegende Gefahr! Von außen betrachtet verkörpert ein Bungee-Sprung beide Seiten. Bedingt durch die Einstellungen, Erfahrungen und die grundlegende emotionale Haltung der beiden, wurde von ihnen jedoch jeweils nur ein Aspekt wahrgenommen.

Auch unsere Imaginationen werden unbewusst auf diese Art und Weise beeinflusst. Unsere Vorstellungen sind daher ein Spiegel unseres Befindens. Sie verraten viel über uns selbst und unsere aktuelle Situation. In ihnen zeigen sich unsere emotionalen Probleme, unsere Erinnerungen, aber auch unsere Sehnsüchte und Wünsche. Verpackt in Geschichten und Bildern treten sie so an die Oberfläche.

Setzen wir uns mit ihnen bewusst auseinander, können wir unsere eigene Situation besser verstehen. Dies gibt uns die Möglichkeit, uns selbst aus bestimmten Perspektiven zu reflektieren und uns der eigenen Emotionen bewusster zu werden.

Um dir eine Idee zu geben, wie dies aussehen kann, versuche bitte folgende Übung.

**ÜBUNG**

Stelle dir eine große, frei stehende Bühne vor. Etwas weiter hinten auf dieser Bühne siehst du zwei Personen. Genau genommen siehst du dich selbst zwei Mal, jeweils unterschiedlich gekleidet. Die erste Ausgabe deiner Person tritt nun nach vorne und spricht einen Satz zu der anderen. Beobachte sie genau: Wie sieht sie aus? Welche Haltung hat sie? Wie ist ihre Gestik und Mimik? Was war ihre Botschaft? Nachdem sie sich wieder zurückgezogen hat, tritt die zweite Version von dir in den Vordergrund. Auch sie teilt der anderen etwas mit. Sieh dir auch diese Person genau an. Versuche die Fragen von eben erneut zu beantworten und präge dir deine Beobachtungen gut ein.

Hast du schon eine Idee, was dir diese Bilder über dich selbst verraten könnten? Hier die Interpretation: Die beiden Gestalten auf der Bühne verkörpern zwei Versionen deiner eigenen Person in einer Situation, die aktuell für dich von besonderer Bedeutung ist. Es wurde etwas gezeigt, das gerade »gespielt wird«. Durch das Motiv der Bühne ist es möglich, derartige Assoziationen zu wecken. Spannend an dieser Vorstellung ist nun vor allem das Verhältnis, in dem die beiden Gestalten auf der Bühne zueinander stehen. Haben sie sich ergänzt oder waren sie sehr gegensätzlich? Ist Letzteres der Fall, könnte dies der Hinweis auf mögliche Konflikte in deinem Selbstbild sein. Die Botschaften, die sie sich in deiner Fantasie mitteilten, verraten dir die zugehörigen Themen.

## Imagination als Stimmungsdroge

Der Einfluss zwischen Befinden und Imagination ist jedoch kein einseitiger. Nicht nur wirken sich unsere Emotionen auf unsere Vorstellungsbilder aus, sondern auch umgekehrt ist dies der Fall. Schaffen wir es also, unsere Vorstellungen zu verändern, können wir auch unser Wohlbefinden verbessern. Imagination ist somit eine legale, aber höchst effektive Stimmungsdroge.

Du kannst es selbst ausprobieren. Wenn du das nächste Mal abgeschlagen und lustlos nach einem arbeitsintensiven Tag nach Hause kommst oder nach einem Streit vor Wut brennst, nimm dir ein paar Minuten Zeit und lass dich auf ein Imaginationsexperiment ein. Denke an etwas, das dir Freude bereitet. Male dir zum Beispiel deinen nächsten Urlaub aus. Überlege dir, wohin er gehen soll und was du dir ansehen wirst. Es kann auch etwas sein, das du in nächster Zeit nicht verwirklichen wirst – wie etwa zum Mond zu fliegen. Es geht nur darum, in deiner Vorstellung einen schönen Moment zu genießen. Wenn du dich darauf einlässt, wird dein Ärger danach viel schwächer, vielleicht sogar ganz verflogen sein.

## Imagination als Mittel zur kreativen Lebensgestaltung

Sehnsuchtsbilder, große Ideen, Luftschlösser bauen, heißt das fern der Realität zu leben? Heißt das mit dem eigenen Leben nicht zufrieden zu sein? Nein, ganz im Gegenteil, unsere Imaginationen lassen in uns besondere Kräfte frei werden, die bei der Verwirklichung unserer Ideen helfen.

Als ein Ort, der auch die buntesten und utopischsten Überlegungen zulässt, ist Imagination aber vor allem ein Weg zur kreativen Lebensgestaltung. Denn unsere Vorstellungskraft erlaubt uns ein Spiel mit den Möglichkeiten. Sie zeigt uns, was alles sein könnte. Auf diese Weise hilft sie uns, Ziele und Orientierungspunkte zu finden, und fördert unsere Fähigkeit zur Selbstorganisation. Sie lässt uns neue Lösungswege entdecken und vermehrt unsere Perspektiven. Bekannte Gegebenheiten erscheinen dadurch plötzlich in einem neuen Licht. So ermutigt uns die Imagination auch dazu, uns nicht mit negativen Umständen abzufinden. In der Vorstellungskraft verbirgt sich deshalb der Keim der positiven Veränderung.

An dieser Stelle möchte ich dir ein großes Geheimnis von Illusionisten wie David Copperfield verraten. Jahrelang habe ich mich mit der Psychologie der Illusion befasst und bemerkt, wie wesentlich für die Trickentwicklung die Fähigkeit zur Imagination ist. Hast du dich schon einmal gefragt, wie es möglich ist, dass Menschen Illusionen und Zaubertricks erschaffen, die uns Menschen so täuschen und faszinieren, dass wir beinahe denken, sie seien real? Diese Arbeit erfordert ein unglaubliches Maß an Kreativität und eine ausgeprägte Vorstellungskraft. Profimagier nützen die Technik der Imagination zur Entwicklung ihrer Tricks. Denn bevor ein Illusionist eine Tricktechnik erfinden kann, muss er sein Kunststück zuerst in seiner Fantasie erproben. Er muss sich überlegen, was er gerne vorführen möchte und wie das Kunststück aussehen würde, besäße er tatsächlich Zauberkräfte!

Nehmen wir zum Beispiel den Trick der »Zersägten Jungfrau«. Die meisten von euch kennen die altbekannte Variante dieses Tricks. Üblicherweise sieht diese in etwa so aus: Eine junge, hübsche Dame steigt in eine Kiste. Der Magier schließt die Kiste, aber Kopf und auch

Füße der jungen Frau bleiben sichtbar. Er durchsägt die Box in der Mitte und schiebt die Hälften auseinander, wobei die Dame nach wie vor mit ihren Füßen wackeln kann. Als nette Abendunterhaltung zwischendurch mag dieser Trick uns zum Schmunzeln bringen. Aber vermag er uns zu begeistern und uns Gänsehaut zu bescheren? Vermag er uns zu täuschen, wenn auch nur für einen Augenblick? Vermutlich nicht! Denn: Warum steckt der Illusionist die Frau in eine Holzkiste um sie zu zersägen, wenn man dies in Wirklichkeit ohne Kiste auch machen könnte? Warum spritzt kein Blut, wenn ein Illusionist jemanden zersägt, wenn doch in Wirklichkeit ein kräftiger Schnitt bei uns Menschen zu Blutungen führt? Warum schreit die Person nicht wie verrückt, sondern lächelt und lächelt und lächelt?

Den wirklich großen Illusionisten dieser Welt gelingt es jedoch auch heute noch, uns mit diesem Kunststück den Atem zu rauben. Der Unterschied dabei liegt einzig und allein im Einsatz ihrer Vorstellungskraft! Bevor sie ihre Tricktechnik entwickeln, erleben sie das Kunststück in ihrer Fantasie – gleich einem Traum, aber so real wie möglich. Dabei stellen sie sich folgende Fragen: Wie würde man eine Dame zersägen? Wo würde sie liegen? Welche Säge würde man nehmen und an welcher Stelle würde man sägen? Was würde dann passieren und wie würde die Dame reagieren, wenn sie plötzlich in zwei Hälften geteilt ist? Wie würde das der Zuseher wahrnehmen? Die Illusionisten durchleben das Kunststück genau so, wie sie es machen würden, könnten sie wirklich zaubern. Jetzt kommt die Realität und sie versuchen möglichst genau an ihre Imagination heranzukommen. Je mehr ihnen das gelingt, desto täuschender wird der Trick sein. Sieh dir auf YouTube einmal David Copperfields »Death Saw« an – du wirst überrascht sein, wie er dieses Kunststück gestaltet hat.

## Imagination stärkt das Sicherheitsgefühl

Sicherheit ist ein sehr vielseitiger Begriff und betrifft uns größtenteils in Alltagsmomenten. In der Öffentlichkeit, im Verkehrsgeschehen, im eigenen Zuhause und in der Familie, im Beruf, im finanziellen Bereich, im Internet oder auch im persönlichen Kontaktbereich kann immer wieder ein unsicheres Gefühl aufkommen.

Sicherheit ist eines unserer Grundbedürfnisse, wir fühlen uns wohl und geborgen, wenn wir uns sicher fühlen. Sicherheit steuert das menschliche Verhalten, es beeinflusst unseren geistigen Zustand, unsere Entscheidungen und dadurch natürlich unsere Lebensqualität. Imagination kann uns helfen, mehr Sicherheit zu spüren! Wie? Wenn wir uns den Ablauf wichtiger Ereignisse gedanklich vorab vorstellen, wir uns ausmalen, was passieren könnte und wie wir uns dabei fühlen, werden wir in unseren Entscheidungen sicherer. Wir wissen genauer, warum wir etwas tun. Auch haben wir nicht mehr Angst, von Unerwartetem überrascht zu werden.

Wenn wir in unseren Imaginationen Sicherheit spüren, dann wirkt sich das positiv auf unsere Lebensqualität und unsere innere Einstellung aus.

### Imagination als Quelle von Energie, Hoffnung und Leidenschaft

Das Imaginieren unserer unterschiedlichsten Pläne und Träume führt aber nicht nur zu neuen, spontanen und kreativen Ideen. Es weckt in uns auch Hoffnung und positive Erwartungen. Es lässt uns optimistisch sein und gibt uns Energie. Ein Mensch, der sich all seiner Möglichkeiten bewusst ist und an sie glaubt, strahlt dies schon von Weitem aus. Er geht freudig, enthusiastisch und leidenschaftlich durch das Leben. Er ist wissbegierig und stark, fühlt sich frei, glücklich und voller Liebe. Jenen dagegen, die es sich selbst nicht gestatten, über den Tellerrand hinauszublicken, da sie meinen, keinen Einfluss auf ihr Leben zu haben, mangelt es oft an Kraft und Lebensfreude.

### Imagination als Weg zur Problemlösung

In Situationen, in denen wir nicht weiterwissen und gedanklich keinen Ausweg finden, kann uns die Imagination helfen, unbewusst eine Lösung zu entdecken. Nicht selten kommen uns in unseren Vorstellungen hilfreiche Gedanken und Einfälle – scheinbar von alleine. Ähnlich wie in Märchen, Mythen und Sagen erhalten wir in unseren Fantasievorstellungen den hilfreichen Rat gerne von einer Figur genannt, beispielsweise ist es der »alte Weise« oder die »alte Weise«. Es handelt sich dabei meist um einen älteren Mann, eine ältere Frau. In manchen Fällen aber auch um ein Tier, das wir am Waldrand oder am Wasser antreffen. Die Gestalt ist häufig unansehnlich und bittet um Essen. Behandelt der Held im Märchen den Alten würdevoll, teilt mit ihm sein Essen und erzählt ihm von seiner Herkunft, gibt ihm dieser gerne einen guten Rat. Auch wenn dieser dem Held im ersten Moment meist unverständlich erscheint, so stellt er sich später üblicherweise als sinnvoll heraus.

Ist man nun selbst verzweifelt auf der Suche nach einer Lösung für ein Problem, kann die Vorstellung derartiger Bildmotive unter gewissen Umständen dazu beitragen, eine Antwort herbeizuführen.

Wie am Anfang des Kapitels schon erwähnt, verkroch sich sogar Albert Einstein immer wieder ohne irgendwelche Unterlagen in eine Ecke und versuchte das Universum vor seinem geistigen Auge zu sehen und zu erkunden. Wenn er es ganz konkret »gesehen« hatte, setzte er sich später real an seinen Schreibtisch und suchte nach der Mathematik, die seine Träume und Imaginationen untermauern könnte.

**INFO**

Die größte Wirkung entfalten Imaginationen dann, wenn man sich ganz intensiv auf die eigenen inneren Bilder konzentriert und versucht, diese bis ins letzte Detail in Ruhe anzusehen. Das fördert zusätzlich die Fähigkeit zur Achtsamkeit und Konzentration! Wie man diese Technik anwendet, werde ich dir im Laufe dieses Kapitels ausführlich erklären.

## IMAGINATION UND DIE WISSENSCHAFT

Imagination, also sich etwas bildhaft anschaulich machen, wird vom Menschen seit Urzeiten praktiziert und gezielt eingesetzt, um das eigene Bewusstsein zu verändern und sich mit unbewussten Inhalten zu verbinden. Von Anbeginn wurde sie zur Bewusstseinserweiterung und -vertiefung benutzt. Schamanen erfahren durch sie heilsame Visionen, Mystiker »schauen« in das Wesen der Seele und des Göttlichen und Künstler gestalten mit ihrer Hilfe ihre Werke.

Die Imagination ist im Menschen tief verwurzelt. Man kann sich ohne sie weder erinnern, noch seine Zukunft planen. Jede Veränderung und vor allem Kreativität beruht auf ihr. Sie ist die Schnittstelle zwischen Innen und Außen, zwischen deinem Geist und der Welt.

*»Imagination entscheidet darüber, wie Menschen die Welt wahrnehmen und sie dann allenfalls auch verändern.«*
Verena Kast, Psychologin

### Innere Bilder in der Imagination

Im Bereich der inneren Bilder unterscheiden wir zwischen zwei verschiedenen Arten – den Wahrnehmungsbildern und den Gedächtnisbildern.

**Wahrnehmungsbilder**
Bei den Wahrnehmungsbildern handelt es sich um die visuellen Sinneseindrücke, die im Augenblick des Sehens entstehen, also jene Bilder, die wir unmittelbar bei der Betrachtung eines Gegenstandes wahrnehmen.

**Gedächtnisbilder**
Aus Gedächtnisbildern gestalten wir unsere Imaginationen. Bei ihnen handelt es sich um innere Bilder, die wir auch bei geschlossenen Augen vor uns sehen können. Konkrete Erinnerungsbilder, aber auch

selbst kreierte Vorstellungs- und Fantasiebilder fallen in diese Kategorie. Denn auch Letztere setzen wir aus bereits gespeicherten Sinneseindrücken zusammen. Wir verwenden unser bestehendes Wissen über Gegenstände und Objekte um neue Bilder zu formen.

Gedächtnisbilder können sowohl sehr detailreich als auch nur in Form von vagen Umrissen erlebt werden. Grundsätzlich enthalten sie aber, wie bereits erwähnt, nicht nur visuelle, sondern auch auditive, taktile, kinästhetische und emotionale Anteile.

Aber egal, ob wir nun ein reales Bild oder ein inneres Bild betrachten – beide bewirken dasselbe –, sie lösen Gefühle und Reaktionen bei uns aus.

## Steuerungsvarianten der Imagination

Unsere Imagination, also die Arbeit mit unseren inneren Bildern, ist, wie zuvor erklärt, ein schöpferischer Weg, um dem Unbewussten zu begegnen. Wir können ihn auf zwei grundsätzliche Arten beschreiten:

Mit der **geführten Imagination:**
Der erste Schritt bei der geführten Imagination besteht darin, einen Entspannungszustand zu erleben – in unserem Falle durch Mind Chilling. Danach wird dem Imaginierenden ein Bild oder ein Raum vorgegeben, in dem er sich frei bewegt und handelt. Sein Begleiter steht ihm dabei zur Seite und greift steuernd ein.

Die geführte Imagination hat sich dabei besonders als Einstieg bewährt: Zum einen schützt sie vor unerwarteten belastenden Bildinhalten und Impulsen. Zum anderen fällt es manchen Menschen auch leichter, wenn sie beim Imaginieren jemand begleitet, dem sie ihre Erlebnisse mitteilen können.

Mit der **freien Imagination:**
Bei dieser Variante beginnt man nicht mit einem vorgegebenen Standardmotiv. Den Ausgangspunkt bildet stattdessen eine Stimmung, ein

körperliches Befinden, ein Gefühl, ein Wunsch oder Ähnliches. Man stellt sich in einem entspannten Zustand auf das Erleben oder das Thema ein und wartet, welche entsprechenden symbolischen Bilder daraus entstehen und wie sie sich weiterentwickeln.

Die Herausforderung dabei ist, die aufsteigenden Inhalte, Bilder und Emotionen in ihrer Intensität zu dosieren sowie die Impulse aufzunehmen und auch zu ertragen.

## Innere Bilder und die Psychologie

Ich bin grundsätzlich kein sehr großer Freund von Freud, Jung und Konsorten, denn ich erlebe es immer wieder, dass sich Menschen zu Tode analysieren. Warum müssen wir uns ständig über alles und jeden, über jeden eigenen Schritt und den von anderen Gedanken machen? Wieso können wir nicht einfach auch mal Situationen und Gedanken stehen und wirken lassen, ohne die Interpretationsmaschine einzuschalten? Wir leben um zu leben und nicht um zu analysieren. Im Folgenden möchte ich dennoch auf C. G. Jungs Rolle bei der Entwicklung der Imagination als therapeutische Methode etwas eingehen. Denn ich bin der Ansicht, dieser Zusammenhang ist für dich wichtig, um die Bedeutung und Leistung der Imagination besser zu verstehen.

*»Ein Bild ist mehr wert als tausend Worte.«*
Chinesisches Sprichwort

Seit Millionen von Jahren stellen sich Menschen Bilder vor und imaginieren um ein angenehmeres und leichteres Leben führen zu können. Ich sehe die Imagination also vor allem als Kreativitäts- und Fantasietechnik an und nicht als Therapiemethode. In der Psychotherapie wurde die Imagination nämlich erst im letzten Jahrhundert eingesetzt.

Als Erster befasste sich C. G. Jung im Rahmen seiner tiefenpsychologischen Forschung mit der Innenwahrnehmung von Bildern. Ausgangspunkt war seine Frage, wie ein Dialog zwischen Unbewusstem und Bewusstem entstehen kann. Er hatte nämlich erkannt, dass innere Bilder, wenn sie aus dem Unbewussten aufsteigen, bedeutsam sind für die äußere Realität. Denn Außen und Innen stehen in einer starken Verbindung zueinander. Sie entsprechen und ergänzen einander.

Jung stellte die »**Aktive Imagination**« als Möglichkeit vor, um mit der eigenen Seele und dem Unterbewusstsein in Beziehung zu treten. Die aktive Imagination ist im Gegensatz zu tranceartigen Zuständen oder schamanischen Fantasiereisen ein sogenanntes Wach-Träumen.

Ausgehend von beispielsweise einem fesselnden Traum oder einer bewegenden Frage, greift der Imaginierende bei dieser Art kreativ gestaltend in seine Bilderwelt ein. Er verändert, verwandelt und kontrolliert seine Vorstellungen nach Belieben. Die aktive Imagination kann uns dabei helfen, zu uns selbst, zu unserem Lebenssinn zu finden.

Im Gegensatz zu dieser Methode steht die »**Passive Imagination**«. Zwar nimmt der Imaginierende auch bei dieser Variante vorbeiziehende Bilder bewusst wahr, er beteiligt sich jedoch nicht aktiv gestaltend daran.

Ausgehend von Jungs Erkenntnissen, wurden im Laufe des 20. Jahrhunderts zahlreiche Imaginationsverfahren entwickelt. Diese erhielten aber erst mit dem katathymen Bilderleben eine solide wissenschaftliche Basis.

## Das katathyme Bilderleben

Das katathyme oder gefühlsmäßige Bilderleben geht davon aus, dass Bilder und Vorstellungen, die während des Tages in unseren Gedanken ablaufen, unbewusste Konflikte und Gefühle widerspiegeln. Das ist bei Tagträumen genauso wie bei Nachtträumen. Allerdings bleiben die Bilder des Tages meistens unbewusst.

Gelingt es, die Symbolik dieser inneren Bilder zu entschlüsseln, kann dies dazu beitragen, innere Einstellungen zu ändern. In Zusammenarbeit mit einem Therapeuten wird deshalb versucht, bewusst

Tagträume hervorzurufen, die unter einem bestimmten Thema stehen. Anschließend werden diese gemeinsam gedeutet. Zwar können die Klienten die Symbolik der Bilder oft auch selbst entschlüsseln, doch damit sich innere Einstellungen verändern können, ist das Gespräch mit dem Therapeuten notwendig.

Der entspannende Effekt einer Bilderreise wird oft auch beim Sport oder in Schulen und sozialen Einrichtungen genutzt.

Das gefühlsmäßige Bilderleben, auch Bilderreise genannt, gliedert sich in drei Teile, die Grund-, Mittel- und Oberstufe:

**Die Grundstufe**

Die Grundstufe kann in kürzester Zeit erlernt werden. Sie kann auch gut von Menschen angewandt werden, die wenig Fantasie besitzen und lieber Anweisungen folgen und Entscheidungen völlig ratlos gegenüberstehen.

Auf dieser Stufe stellt man sich einfache Symbole wie zum Beispiel eine Wiese, einen Bach, einen Berg, ein Haus oder einen Waldrand vor und malt sich diese Bilder detailreich aus. Etwa zu welcher Jahreszeit man sie sieht, welche Farben man erkennen kann und was besonders hervorstechend ist. Die genannten Symbole stehen dabei jeweils für einen bestimmten Bereich des Lebens. Die Art und Weise, wie wir sie uns vorstellen, gibt uns in der Folge Auskunft über unser Verhältnis zu diesen Themen.

Hier einige der beliebtesten Symboliken der Grundstufe und ihre Bedeutungen:

**Die Wiese:** Das Motiv der Wiese erzeugt Bilder von Leben, Ruhe, Fruchtbarkeit, Begegnung. Die Wiese zeigt sich als ideales Eingangsmotiv zu Beginn. Probleme in uns zeigen sich als vertrocknete oder sehr eng umzäunte Wiese.

**Der Bach:** Er ist ein Motiv der Persönlichkeit und bedeutet Ursprung, Veränderung, freien Fluss, Rückkehr zur Quelle. Probleme zeigen sich als Stauungen, Überschwemmungen, Trübung des Wassers.

**Der Berg:** Der Berg steht für Autorität und Rivalität und bedeutet Ausblick und Weitsicht. Probleme zeigen sich als Schwierigkeiten beim Besteigen des Berges.

**Das Haus:** Das Haus ist oft Symbol der eigenen Person. Je nach Größe und Einrichtung weist es darauf hin, wie man sich selbst einschätzt.

**Der Waldrand:** Er stellt die Grenze zum Unbewussten dar. Die Lebewesen des Waldes, Lichtungen, Dunkelheit, das Verhalten des Imaginierenden am und im Wald deuten auf sein Verhältnis zu den Schattenbereichen hin.

**Die Mittelstufe**

Mit den Standardmotiven der Mittelstufe kann man seine eigenen Einstellungen zum Partner, zur Sexualität, zur Aggressivität und zum eigenen Ich näher kennenlernen. Man bedient sich dazu der Methoden der Konfrontation, Assoziation sowie der kreativen Entfaltung und Problemlösung.
Hier die Motive dieser Stufe und ihre Symboliken:

**Partner:** Die Einstellung zum Partner und das Verhältnis des Imaginierenden zu Nähe, Kontakt und Berührung werden in Vorstellungen deutlich, in denen eine Begegnung mit wichtigen Bezugspersonen stattfindet. Diese können sowohl realistisch als auch in Tiergestalt erscheinen.

**Sexualität:** Die Einstellung zur Sexualität soll sich aus den »Bildern« zu folgenden Anfangsszenen erschließen: Männer sollen sich vorstellen, von einem Rosenbusch eine Rose abzupflücken. Frauen sollen sich die Szene ausmalen, dass neben ihnen ein Auto anhält und der Fahrer sie auffordert einzusteigen.

**Aggressivität:** Das Bild vom Löwen gibt Aufschluss darüber, wie Klienten zur Aggressivität stehen und damit umgehen.

**Ich-Ideal:** Ohne nachzudenken sollen Männer einen männlichen und Frauen einen weiblichen Vornamen aussprechen und sich dazu eine Person vorstellen: Sie sollen imaginieren, was diese Person an Besonderem, Begehrenswertem und was sie an Abzulehnendem hat. Dieses Motiv hilft, Identitätsprobleme zu klären.

**ÜBUNG**

Schau dir das Bild auf Seite 82 genau an und merke dir die Details. Dann schließe deine Augen und versuche, diesen Bach lebendig werden zu lassen. Der Bach beginnt zu fließen und dein Film beginnt in deinen Gedanken zu leben. Beobachte, wie sich dieser Bach in dir verändert, wie das Wasser die Farbe verändert, wie vielleicht auch kleine Blätter im Bach schwimmen. Versuche deine Hände in diesen Bach zu halten und spüre, ob er warm oder kalt ist.
Sinn der Übung ist es, zu lernen, wie starre Bilder in uns zu lebendigen werden können und dass wir sie nach unseren Wünschen gestalten und verändern können.

### Die Oberstufe

In der Oberstufe wird mit der Provokation und mit »schwierigen Symbolen« gearbeitet. Standardmotive dieser Stufe sind die Höhle und das Sumpfloch.

**Die Höhle:** Noch stärker als das Motiv des Waldrandes ruft das Bild der Höhle Verdrängtes und Unbewusstes hervor. Menschen stellen sich die Höhle vor, warten ab, was aus ihr hervorkommt, spüren, ob sie hineingehen möchten, erleben in der Höhle etwas. Häufig verbindet sich dieses Bild des Eintretens in das Erdinnere mit sexuellen Assoziationen. In der Höhle werden verdrängte Wunschwelten erlebt.

**Das Sumpfloch:** Es wird eine Beziehung zwischen Schlamm und Schmutz und »dunklen Kräften« unterstellt. Man stellt sich einen Sumpf vor, imaginiert, was aus ihm hervorkommt, ob man hineingezogen wird und welche Gefühle dabei auftreten. Daraus kann auf das Unbewusste geschlossen werden.

## Wir sehen nur innen

Hast du dich eigentlich schon einmal gefragt, wie die menschliche visuelle Wahrnehmung funktioniert? Die meisten von uns haben in der Schule gelernt, dass das Auge ähnlich einer Kamera aufgebaut ist. Da wäre die Linse, die wie ein Kameraobjektiv das Licht bündelt, das ins Auge fällt. Die Netzhaut dagegen lässt sich mit dem »Filmstreifen« in einem Fotoapparat vergleichen, auf dem sich die Eindrücke abbilden. Aber sehen wir uns das Ganze doch einmal konkreter an einem Beispiel an:

Ich betrachte eine Rose. Licht trifft auf sie. Manche Lichtspektren werden aufgenommen, andere zurückgeworfen, je nach Form und Oberflächenbeschaffenheit der Rose. Zurückgeworfene Lichtwellen treffen durch die Linse und den Glaskörper hindurch auf die Netzhaut meines Auges. Hier befinden sich Millionen lichtempflindlicher Zellen. Chemische Veränderungen lösen Nervenimpulse aus. Diese laufen dann über die Sehbahn in mein Gehirn, wo sie bearbeitet werden – hinter- und nebeneinander und rückbezüglich.

*»Alles, was wir sehen oder scheinen, ist es nichts anderes als ein Traum in einem Traum.»*

Edgar Allan Poe, Schriftsteller

Folgendes wird erst deutlich, wenn man sich diesen Vorgang näher ansieht: Die Impulse unserer Nervenzellen enthalten selbst keine Rose mehr. Keine Form, keine Farbe, keinen Duft, keine Struktur. Das Gehirn empfängt nur eine Folge, ein Muster aus Nervenimpulsen und setzt daraus in vielen Verarbeitungsschritten in mir eine Rose zusammen. Erst jetzt, nach einem komplizierten Vorgang in meinem Gehirn »sehe« ich die Rose.

Jedes Bild, das ich sehe, ist ein »inneres« Bild – daher sehen wir grundsätzlich nur »innen«.

Jedes Bild, das wir sehen, wird neu konstruiert. Im Alltag genügen mit einiger Vorerfahrung oft nur wenige Sinnesdaten, um in uns ein vollständiges Wahrnehmungsbild zu erzeugen. Fehlende Daten werden einfach aus dem Gedächtnis oder durch Spekulation ergänzt.

Je vertrauter mir eine Situation ist, desto weniger Eckdaten benötigt mein Wahrnehmungssystem, um ein als vollständig empfundenes Wahrnehmungsbild zu erzeugen. Dies ist eine tolle Sache, denn durch derartige Filtertaktiken kann der Mensch die auf uns einstürzende Informationsmenge etwas reduzieren.

Innere Wahrnehmungsbilder entsprechen also nur teilweise äußeren Objekten. Die menschliche visuelle Wahrnehmung mit der Optik einer Kamera zu vergleichen, ist daher eigentlich nicht korrekt.

Zumeist sind große Teile von dem, was wir erleben, sogar Erfindungen des Gehirns. Und nicht alles, was im äußeren Objekt der Sinneswahrnehmung enthalten ist, wird ins innere Bild umgesetzt:

In einem Experiment von Perrig, Wippich und Perrig-Chiello wird Probanden ein Bild gezeigt, genauer ein Gesicht, in welches ein Ritter mit Lanze eingearbeitet ist. Jedoch keiner der Teilnehmer bemerkt ihn. Nachdem das Bild weggelegt wurde, werden die Versuchspersonen gebeten, sich das Bild innerlich vorzustellen. Es gelang ihnen auch, jedoch auch diesmal, ohne den Ritter zu entdecken. Selbst dann nicht, als sie darüber informiert wurden, dass der Ritter in der visuellen Vorlage integriert war. Fazit: Erinnerungsbilder enthalten also nur Elemente des Originals, die vorher bewusst analysiert worden sind. Aus den Analysen der Impulse unserer Sinneszellen, aus unseren Ergänzungen und Assoziationen dazu konstruieren wir die Welt.

## Wie das Gehirn denkt!

Das Gehirn denkt in Bildern, Gefühlen und Zusammenhängen. Wir glauben, es würde logisch, linear und in Worten, Daten, Zahlen und Fakten arbeiten. Ganz falsch ist das nicht, aber es sind höchstens 1–2 Prozent unserer Gehirnzellen, die sich dieser Aufgabe widmen. Die restlichen Prozent sind mit einer ganz anderen Art zu denken beschäftigt – nämlich dem Denken in Bildern, Gefühlen, Geräuschen, und jeglichen Sinndesempfindungen. Die zwei angesprochenen Formen des Denkens sind in unserem Gehirn örtlich weitgehend voneinander getrennt. Für Verstand und Vernunft ist tendenziell die linke Gehirnhälfte zuständig. Mit Gefühlen und Bildern beschäftigt sich vorrangig die rechte.

In unserer Gesellschaft wird logisches Denken von vielen Menschen als wertvoll erachtet. Jemandem, der seine Entscheidungen rational fällt, wird Respekt für seine vernünftige Art zu handeln gezollt. Menschen dagegen, die sich vorwiegend von ihren Gefühlen leiten lassen, werden gerne belächelt. Nun soll an dieser Stelle weder die eine noch die andere Art als überlegen dargestellt werden. Aber ich möchte euch in diesem Buch zeigen, dass das Denken in Bildern und Gefühlen vieles zu leisten vermag und oft zu Unrecht unterschätzt wird. Denn wem es gelingt, seine unbewussten Bilder und Gefühle wahrzunehmen, der ist im Stande, deutlich mehr seines geistiges Potential zu nutzen. Auf diese Weise kann er seine Intelligenz, Kreativität und Gedächtnisleistung steigern.

Forschungen am Gehirn von Albert Einstein haben zum Beispiel ergeben, dass das Gehirn von Genies biologisch gesehen völlig »baugleich« mit allen anderen ist. Einer der wichtigsten Faktoren, der jedoch darüber entscheidet, ob jemand ein Genie ist oder nicht, ist die Fähigkeit zu visualisieren und Informationen mit Gefühlen zu verbinden – und das alles weitgehend ohne das Einmischen unserer linken Gehirnhälfte.

Und nicht vergessen: Das Gehirn denkt immer in Zusammenhängen! Stell dir vor, du hast nur eine einzige Information, die du dir merken möchtest. Nehmen wir das englische Wort »flower« für Blume. Sich dieses Wort in Verbindung mit dem Begriff Blume zu merken, ist eher schwierig. Was aber, wenn du dir eine »flower« vorstellst und das entsprechende Bild vor Augen hast? Eine alte englische Rose mit roten Blütenblättern, grünem Stängel, Blättern und Dornen und einem bezaubernden Duft. Dazu eine Frau, die in den Garten kommt, eine Rose abschneidet, in die Küche geht, die Enden kürzt, sich eine Vase holt, Wasser einfüllt, die Rose hineingibt und diese dann auf den Küchentisch stellt, um zum Schluss noch mal an der Blüte zu riechen. Und in dem Moment riechst auch du den herrlichen, frischen Duft. In diesem

Fall würde das Wort »flower« nicht orientierungslos in deinem Gehirn herumirren, sondern es wäre mit einem ganzen Netz von anderen Informationen verbunden und damit sehr viel besser verankert. Das ist auch der Grund dafür, dass wann immer du etwas lernen willst, der Überblick so wichtig ist. Erst die großen Zusammenhänge, die Basisinformationen, der Sinn des Ganzen und dann die Details – die können sich dann wunderbar in die schon vorhandenen Strukturen einhängen.

## DIE GABE DER FANTASIE

Im Rahmen der Imagination ist es mir wichtig, auf den Begriff der Fantasie einzugehen, denn die beiden Bereiche stehen, wie du gleich sehen wirst, in einer sehr engen Verbindung.

Das Wort Fantasie kommt von »phantasia«, der Erscheinung und Vorstellung. Fantasie ist eine kreative Fähigkeit des Menschen, die sich in der Imagination als Vorstellungskraft ausdrückt, gleichzeitig aber auch auf ihr beruht. Sie verleiht uns die Gabe, innere Bilder, selbst zu erfinden und zu gestalten.

Die Fantasie ist eine wichtige Voraussetzung für eine erfolgreiche Imagination. Sie beeinflusst unser Vorstellungsvermögen, die Einbildungskraft, die Erfindungsgabe und den Einfallsreichtum. Fantasie zu haben bedeutet zu träumen, zu entdecken, zu erfinden sowie Ideen und Vorstellungen zu haben.

Die Gabe, Fantasie zu haben und sie fließen zu lassen ist wie ein Baumeister unserer Seele. Für unsere Fantasie ist alles möglich, in unserer Fantasie können wir alles werden und alles erreichen.

Wenn wir diese Träume, Vorstellungen und Ideen in die Tat umsetzen, dann sind wir kreativ. Kreativität ist daher ganz einfach die Fähigkeit, etwas Neues zu schaffen. Kreative Werke sind Ergebnisse, die neu und unbekannt sind. Sie sind weder falsch noch richtig und in unbegrenzter Vielfalt vorhanden.

Mit Fantasie und Kreativität sind wir in der Lage, neue Realitäten zu erschaffen und Entwicklungen und Veränderungen zu bewirken.

*»Fantasie ist alles. Sie ist die Vorschau auf die kommenden Ereignisse des Lebens.«*
Albert Einstein, Physiker

## Die unterschiedlichen Arten der Fantasie

Es können drei Arten von Fantasie unterschieden werden – die reproduktive, die produktive und die deutende Fantasie.

### 1. Die reproduktive Fantasie

Reproduzieren bedeutet wiedergeben, nachbilden und vervielfältigen. Die reproduktive Fantasie greift in diesem Sinne bereits vorhandene Vorstellungen auf, setzt diese aber in neuer Art und Weise zusammen. Beispielsweise, wenn man die Vorstellungen »golden« und »Berg« zu dem neuen Vorstellungskomplex »goldener Berg« verbindet.

### 2. Die produktive Fantasie

Mit ihr wird die ästhetische Welt geschaffen. Sie kann nach den Hauptgruppen künstlerischer Veranlagung in musikalische, poetische, bildnerische Fantasie gegliedert werden.

### 3. Die deutende Fantasie

Mit der deutenden Fantasie werden Eigenschaften eines Objektes auf ein ähnliches übertragen. Sie wird im sprachlichen Ausdruck des Dichters, im Bereich der mythologischen Naturauffassung oder zum Beispiel im Spiel des Kindes erkennbar.

## Fantasie und Gefühle

Die Fähigkeit zur Fantasie ist ebenso wie die Gefühle in der rechten Gehirnhälfte angesiedelt. Beide Bereiche sind miteinander eng verknüpft. So wird einerseits unsere Fantasie durch Gefühle, Triebe und

Willensimpulse angeregt, und das bei jedem Menschen in anderer Intensität und einem anderen Umfang. Andererseits werden die von uns mithilfe der Fantasie erfundenen inneren Bilder von Gefühlen und Gemütsbewegungen begleitet. Durch diese sinnlich-emotionalen Anteile werden die zunächst im Kopf entstandenen Bilder schließlich zu einem ganzheitlichen Erlebnis verbunden.

**TEST**

Stell dir vor, du hast vor dir eine wunderschöne gelbe und saftige Zitrone liegen. Du nimmst sie in die Hand und riechst daran. Du kannst durch die Schale hindurch riechen, dass sie sauer ist. Schneide in deiner Fantasie die Zitrone in zwei Hälften. Der Zitronensaft quillt heraus. Du nimmst die eine Hälfte in die Hand und riechst wieder daran. Nun kannst du schon sehr viel deutlicher die Säure riechen. Und nun stellst du dir vor, du beißt herzhaft in die Zitrone.
Wenn du dir dies bildhaft ausmalst, dann hast du sicher festgestellt, dass sich in deinem Mund vermehrt Speichel gebildet hat und sich dein Gesicht zusammengezogen hat.

Dieses kleine Experiment zeigt:

- Deine Gedanken und Fantasien sind Kräfte, die deinen Körper veranlassen, zu reagieren.
- Dein Körper und deine Gesichtsmuskulatur haben so reagiert, als hättest du tatsächlich in die Zitrone gebissen.
- Du hast dich so gefühlt, als hättest du das getan, was du dir in Wahrheit nur eingebildet hast.

Fazit: Jeder Gedanke, jede Vorstellung, ob positiv oder negativ, hat einen Einfluss auf dein seelisches und körperliches Befinden.

### Fantasie verstärken

Jeder von euch hat die geniale Fähigkeit zur Fantasie – manche mehr und manche weniger. Um diese Fähigkeit intensiver einsetzen zu können, ist es wichtig, die Vorstellungs- und Einbildungskraft regelmäßig zu trainieren. Ziel des Trainings ist es, gewohnte Denkbahnen zu verlassen und neue Wege und Möglichkeiten zu finden. Fantasieübungen erhöhen die Fähigkeit zu schöpferischen Einfällen und zum kreativen Finden neuer Lösungen.

Folgende Trainingsmethoden kannst du immer wieder und jederzeit durchführen.

## ÜBUNGEN

### ÜBUNG 1

Schließe deine Augen und stell dir eine weiße große Leinwand vor. Auf dieser Leinwand malt ein großer Pinsel der Reihe nach die Farben Blau, Rot, Grün, Gelb und Schwarz auf.

Wenn du dir dieses einfache Bild immer wieder vorstellst, wird es von Übung zu Übung deutlicher und rascher vor deinem inneren Auge entstehen.

### ÜBUNG 2

Eine weitere Fantasieübung ist der Test der Verwendungszwecke. Bei diesem Test geht es darum, so viele originelle Verwendungszwecke für folgende Gegenstände zu finden, wie du kannst. Du hast für jeden Gegenstand eine Minute Zeit, schreibe jetzt so viele Ideen auf, wie nur möglich:

WASSER:

________________________________________

________________________________________

________________________________________

________________________________________

________________________________________

STEINE:

____________________

____________________

____________________

____________________

____________________

Und wie viele Verwendungszwecke sind dir pro Wort eingefallen? Sind dir bereits nach Kurzem die Ideen ausgegangen oder hast du bis zum Ende durchgeschrieben? Sieh dir nun deine Einfälle nochmal an: Waren sie sehr gewöhnlich oder musstest du selbst über deren Originalität lachen?
Wiederhole die Übung immer wieder einmal nach Lust und Laune, bist du mindestens elf Verwendungszwecke pro Wort gefunden hast. Dann kannst du zu schwierigeren Gegenständen übergehen. Überlege dir zum Beispiel, was du alles mit einer Büroklammer oder einem Kugelschreiber machen könntest!

**ÜBUNG 3**
Zeichne ein Bild, in dem folgende Elemente integriert sind.

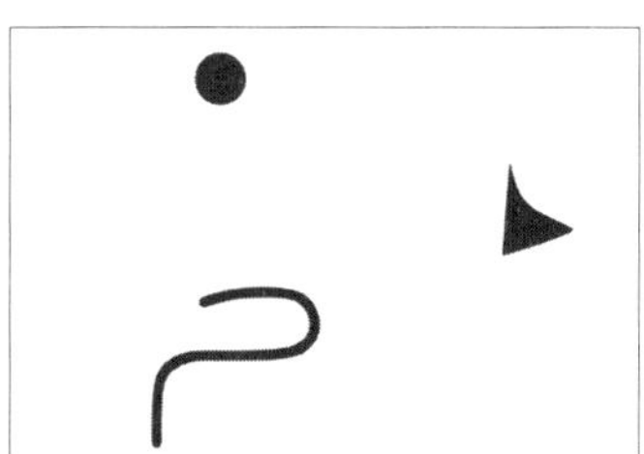

Wenn dir diese Übung Freude bereitet hat, dann wiederhole sie von Zeit zu Zeit erneut. Du wirst feststellen, es gibt beinahe unendlich viele Möglichkeiten, diese Elemente in ein Bild zu integrieren!

# IMAGINATION – DIE TECHNIK

Die Imaginationen im Horeth-Prinzip sind Vorstellungen von Lebensmomenten und von dir selbst als Person. Ziel ist es, sich selbst besser kennenzulernen, um diese Ich-Imagination dann intensiver für das Prinzip verwenden zu können. Vollkommen unbewusst, aber mit großem Erfolg praktizierte ich das seit ich ein Kind war. Ich beobachtete mich dadurch immer wieder, mein eigenes Verhalten, meine Sprache, meine Wirkung auf andere. Von Jahr zu Jahr verbesserte ich mich darin, mich selbst zu imaginieren, und entwickelte dadurch die Fähigkeit, selbstbewusst auf die Bühne zu gehen und zu wissen, wie ich von den anderen gesehen werde.

»Ja, bist du denn nicht nervös?«, bekam ich immer wieder zu hören.

»Nein, bin ich nicht, denn ich weiß, wer ich bin und was ich mache!«, war meine Antwort.

Wie ist es aber nun möglich, gezielt eine Imagination abzurufen, die das eigene Leben betrifft? Wie kann diese Imagination so lebendig wie möglich werden und wie ein Film in uns ablaufen? All das möchte ich dir im Folgenden genau erklären.

Einige Tests und Übungen hast du ja in diesem Kapitel schon gelesen und ausgeführt. Sie hatten den Sinn, dich ohne genaue Anweisung auf das machtvolle Instrument der Imagination loszulassen. Du solltest spüren, ausprobieren, Erfahrungen sammeln, ohne an Abläufe denken zu müssen. Wie ist es dir bei diesen Übungen ergangen? Konntest du schon lebendige innere Bilder sehen? Oder ist es immer noch schwarz, wenn du die Augen schließt? Nun möchte ich dir zeigen, wie du eine aktive Ich-bezogene Imagination der Gegenwart trainieren und selbst steuern kannst. Ich möchte dir einen Ablaufplan geben, wie du effektiv lernen und üben kannst, Schritt für Schritt Imaginationen zu deinem Leben in dir entstehen zu lassen. Außerdem wirst du einige Tipps und Tricks erhalten, was du tun kannst, wenn du bisher nur schwarz gesehen hast oder enttäuscht bist, weil du nicht sofort imstande warst, die lebendigsten Bilder zu imaginieren.

## PHASE 1 – MIND CHILLING

Der erste Schritt vor Beginn jeder Imagination besteht aus einer kurzen, aber intensiven Entspannungsphase, in der wir versuchen, vollkommen ruhig und relaxt zu werden. Denn tiefe Entspannung ist die Voraussetzung, um sich auf Imaginationen so intensiv wie nur möglich einzulassen. Durch sie wird »Überwachheit« abgebaut und das ganzheitliche Bilddenken gefördert. Im entspannten Zustand werden innere Bilder lebendiger, farbiger und emotionaler empfunden. Dadurch wirken sie intensiver auf uns ein.

Benütze die Technik des Mind Chillings um in einen solchen Entspannungszustand zu kommen. Wie du vielleicht schon bemerkt hast, ist auch diese Methode bereits eine Form der Imagination – wie ich finde sogar die am schnellsten umsetzbare, da wir uns grundsätzlich leichter etwas vorstellen können, das wir bereits positiv erlebt haben.

Im Vergleich zu anderen Entspannungstechniken liegt der Vorteil des Mind Chillings darin, dass wir unseren Geist schon darauf einstellen, Bilder zu produzieren.

Suche dir nun also wieder einen ruhigen Ort, an dem du vollkommen ungestört sein kannst – gerne wieder mit etwas Meditationsmusik. Setze dich entspannt an einen angenehmen Platz oder lege dich wieder auf eine dir passende Liegefläche. Wie in Kapitel 1 beschrieben, führst du dort das Mind Chilling aus. Fühle erneut den wunderschönen Moment in deiner Erinnerung und versuche das Gefühl ganz tief in dir wirken zu lassen. Gib dir dafür ruhig ein paar Minuten Zeit.

Wie lange entspannt werden soll, hängt vom jeweiligen Umfeld und der einzelnen Person ab. Der gesamte Ablauf kann durchaus 15 Minuten in Anspruch nehmen. Je öfter du Mind Chilling betreibst, desto schneller kommst du natürlich mit deinem wunderschönen Erinnerungsort in einen Entspannungszustand. Geübte werden sogar bereits nach wenigen Sekunden des Mind Chillings bereit für die Imagination sein.

## PHASE 2 – DER WEISSE RAUM

Mit Phase zwei endet das Mind Chilling. Halte diesmal deine Augen bewusst weiter geschlossen und stelle dir Folgendes vor: Du gehst in deinen Gedanken von deinem wunderschönen Mind-Chilling-Ort in einen weißen Raum. Der Raum ist vollkommen leer, weißer Boden, weiße Wände, weiße Decke. Alles ist weiß. Nichts und niemand befindet sich in diesem weißen Raum, nur du alleine! Du empfindest in diesem Moment keine Emotionen, du fühlst dich sozusagen neutral wie der Raum. Lass diese vollkommene Gefühls-Neutralität ein wenig in dir wirken, damit du später dann bereit bist, Emotionen so intensiv wie nur möglich zu spüren.

## PHASE 3 – ICH-IMAGINATION

In deinen Gedanken stehst du noch immer im weißen Raum.

In Phase 3 geht es um die Ich-Imagination, um dein aktuelles Leben und um deine persönlichen Bilder dazu.

In deinem weißen Raum stellst du dir nun eine große weiße Türe mit einer goldenen Klinke vor. Gehe langsam auf diese Tür zu, berühre die Klinke und drücke sie nach unten. Viele Lichtstrahlen erhellen jetzt den weißen Raum noch mehr – Lichtstrahlen, die von der anderen Seite der Tür hereinstrahlen.

Diese Tür steht für den Eingang in dein eigenes reales Leben. Du wirst nun gleich durch diese weiße Türe gehen und dort eine Szene deines Lebens erblicken – ein reales und aktuelles Erlebnis, das du in den letzten Tagen oder Wochen hattest. Ohne darüber bewusst nachzudenken wird plötzlich ein bestimmter Moment in deiner Vorstellung erscheinen.

Geh jetzt durch diese Türe hindurch und tauche in das dir dort begegnende Erlebnis ein! Wen siehst du? Wie nimmst du dich selbst wahr? Siehst du dich als Person oder bist du in dir und beobachtest alles? Spüre jetzt so genau wie möglich, wie es deinem Körper an diesem Ort geht! Was siehst du? Was hörst du? Was riechst du? Was spürst du auf deiner Haut? Wie ist deine Atmung in dieser Situation? Was sagt dir dein Bauchgefühl an diesem Ort? Fühle und beobachte alles in dir und um dich, um deine Imagination so klar wie möglich werden zu lassen.

Nachdem du diese Situation ausreichend erlebt und wahrgenommen hast, stelle dir an diesem Ort eine weiße Tür vor. Öffne sie und gehe in einen neuen, weiteren Bereich deines Lebens. Wieder siehst du spontan eine bestimmte Situation vor dir, die du aufs Neue erlebst. Wiederhole auch dort die Fragen und Beobachtungen, die du für die Ich-Imagination kennengelernt hast. Wenn du fertig bist, stellst du dir erneut eine weiße Tür vor, durch die du in eine neue Situation eintreten kannst. Diese Übung kannst du so lange anwenden, wie du möchtest.

Wenn du das Gefühl hast, genug erlebt zu haben, und vor allem dich selbst gesehen und beobachtet hast, dann zähle mit deiner inneren Stimme von 0 bis 10. Mit jeder Zahl stellst du dir vor, dass deine Arme und Beine wieder leichter werden, dass du immer wacher wirst, wieder zurückkommst ins Hier und Jetzt und dass du dich vollkommen erholt und frisch fühlst. Bei 10 öffnest du die Augen und bist wieder vollkommen erholt, munter und wach.

Wie auch beim Mind Chilling kannst du diese Übung auf verschiedene Arten praktizieren. Du kannst dich selbst in Gedanken durch die Übung führen, eine Tondatei auf dein Handy aufzeichnen oder einen Freund bitten. Wenn du wieder mit mir üben möchtest, dann findest du die dazu passende MP3-Datei »Imagination« wieder auf der Webseite meines Instituts zum Download. Nochmal zur Erinnerung: Auf www.manuelhoreth-institut.at gehen und dann bei den Hörübungen mit dem Passwort »mental« einloggen.

### Was tun, wenn man nichts sieht?

Manche Menschen haben Schwierigkeiten, sich bewusst und aktiv etwas vorzustellen. Blockaden hindern sie daran, etwas in ihrem Inneren zu sehen. Alles ist dann bei geschlossenen Augen einfach nur dunkel oder schwarz. Aber das muss nicht so sein! Ein wenig Übung, wesentlich mehr Entspannungsgefühl und die Erwartungshaltung ein wenig herabschrauben kann das gewünschte Ergebnis bringen. Oft reichen auch schon ein paar kleine Tricks um Imaginationen deutlich werden zu lassen.

Folgende Übung kann dir dabei sicherlich helfen: Stelle dir eine Wiese vor und erzähle mir in deinen Gedanken von dieser Wiese. Erzähle mir, was du dort alles sehen kannst. Welche Stimmungen und Farben herrschen vor? Erlebst du die Umgebung als eher warm oder kalt? Wie ist das Wetter? Scheint die Sonne, ist es bewölkt oder regnet es sogar? Was für Pflanzen gibt es dort, welche Blumen und Sträucher? Wie riecht es auf dieser Wiese? Gibt es dort Tiere oder Vogelgezwitscher? Wo bist du auf dieser Wiese? Spielst du mit einem Grashalm oder pflückst du Blumen?

Mit solchen Szenarien kannst du beliebig herumspielen. Lass deiner persönlichen Kreativität freien Lauf. Mach dir keine Sorgen, wenn das Ganze am Anfang eher mühsam funktioniert, die Vorstellungen eher undeutlich und nebulös sind oder nur blitzartig auftauchen und wieder ins Schwarze verschwinden. Der Sinn der Übung ist nur, dass du einen ersten Zugang bekommst. Und das Wichtigste: Alles darf und soll Spaß machen! Wenn du am Anfang den Duft der Wiese noch nicht riechen oder keine Geräusche hören kannst, störe dich nicht daran. Es genügt erst einmal auch, wenn du dir bewusst wirst, dass du tatsächlich irgendwas zu imaginieren scheinst. Und das tust du auf jeden Fall! Andernfalls könntest du nämlich auch mit der Aufforderung »Stell dir eine Wiese vor« gar nichts anfangen!

Im Übrigen ist es nicht zwingend notwendig, sich eine Wiese vorzustellen. Du kannst auch sehr gerne Momente, die dir heute Spaß gemacht haben, nochmal erleben. Vielleicht einen Moment, in dem du heute schon herzhaft lachen musstest.

Such dir aus, was Spaß machen könnte, und beginne, es dir vorzustellen. In Kürze werden deine Imaginationen klarer, sichtbarer und lebendiger werden und du kannst erstmals versuchen, die Details zu erarbeiten, vielleicht sogar aktiv ins Geschehen einzugreifen: Stell dir vor, wie es für dich aussieht, wenn du durch die Wiese gehst, den Weg veränderst, die Farben der Blumen variierst. Stell dir den Duft vor, wenn du an einer Blume riechst, oder höre das Geräusch einer Biene, die bei dir vorbeifliegt.

Ein extra Tipp gegen die »Denk-Blockade« wäre folgender: Eine nicht seltene Blockade scheint zu sein, dass Menschen, wenn sie sich etwas vorstellen wollen, diesen Schritt gedanklich verkomplizieren. Anstatt sich schlicht auf die gewünschten Bilder zu konzentrieren, fokussieren sie sich zu stark auf ihre Vorstellungskraft und die Imaginationstechnik selbst. Das Ziel »Stell dir etwas vor« beeinflusst sie so stark, dass sie anfangen, dieses Ziel zu bearbeiten. Dabei »stellen sie sich sozusagen vor, sich etwas vorzustellen«.

Ein erfolgreicher Weg, die Vorstellung von der Vorstellung zu entfernen, ist, das Ziel einfach umzusetzen. Stell dir nicht vor, dass du dir eine Wiese vorstellst, sondern denke einfach an diese Wiese. Wichtig ist auch, zu wissen, dass es keinen Grund für einen Leistungsdruck in der Imagination gibt. Du musst keine Leistung erbringen, du musst dich mit niemandem messen und auch keine Wirkung auf andere haben!

## IMAGINATION ALS 2. ELEMENT IM HORETH-PRINZIP

In diesem Kapitel hast du die Imagination als Methode kennengelernt, um sich Bilder, egal ob bereits erlebte oder erfundene, vorzustellen. Dabei hat der eine das Gefühl, einen Film in seinem Inneren ablaufen zu sehen, der andere dagegen erlebt seine Vorstellungen wie ein wirkliches Ereignis.

Fälschlicherweise betrachten viele Imagination als unerwünschtes Kind und unterdrücken diese kreative, fantasievolle Kraft. Wenn auch du dich bis jetzt in deinem Leben zu viel auf deinen Verstand konzentriert hast, ist es jetzt an der Zeit, dass die Imagination endlich eine wesentliche Rolle in deinem Leben bekommt! Sie zeigt sich als der Teil in dir, der sich erweitern möchte, der erschaffen will!

Neben dem Mind Chilling bildet die Imagination den zweiten Basisteil des Horeth-Prinzips.

Die späteren Schlüsselelemente meines Prinzips bilden das Vorstellen der eigenen Zukunft und das dadurch aufgebaute intensive Verlangen. Dadurch wird es uns möglich, unsere Ziele und Träume in die Tat umzusetzen.

Doch wie kann ich mir vorstellen, wie ich in 20 Jahren aussehen werde, wenn ich mir nicht einmal vorstellen kann, wie ich jetzt aussehe?

Das Training deiner Imaginationsfähigkeit soll dir helfen, dich selbst besser kennenzulernen und dich in allen Situationen dieser Welt sehen und spüren zu können. Es unterstützt dich dabei, die Fantasie zu bekommen, alles Wünschenswerte in deinen Gedanken erleben und durchzuspielen zu können und dich selbst zu sehen!

Deshalb ist die Technik der Ich-Imagination die Voraussetzung, um am nächsten Kapitel, dem Emotionalen Visionieren, zu arbeiten.

In dem Kapitel »Imagination« haben wir also Bilder in uns erschaffen. Gefühle kann es zu diesen Bildern auch schon geben. Aber zu lernen, wie man diese Gefühle so stark werden lässt, dass sie uns antreiben und uns Kraft geben, das ist das Ziel des nächsten Kapitels.

*»Zuletzt machte Manitu den Menschen. Obwohl er der letzte und von allen Wesen das hilfloseste war, empfing der Mensch die größte Gabe – die Fähigkeit zu träumen.«*

Manitu Johnston, Autor

## ÜBUNG

Um dir zukünftige Ziele besser vorstellen zu können und sie lebendiger in deinen Imaginationen zu erleben, führe folgendes kleine Ritual in deinen Tagesablauf ein. Es kostet nicht viel Zeit und bringt dir bei, sehr zielgerichtet zu imaginieren – also genau das, was wir für das Horeth-Prinzip benötigen.

Suche dir am Abend, nachdem du ins Bett gegangen bist, in deinen Gedanken ein Ereignis aus, das am nächsten Tag auf dich zukommen wird. Eines, das auf jeden Fall eintreffen wird.

Das könnte zum Beispiel Folgendes sein: das Abholen des Kindes von der Schule, ein Mittagessen mit einer alten Bekannten, eine Besprechung mit dem Chef, das Einkaufen fürs Wochenende; jegliche Situationen aus dem Alltag sind erlaubt.

Versuche dann dieses Ereignis zu imaginieren. Stell dir in deinen Gedanken vor, wie du an diese Situation herangehst, was du genau machen wirst, wie sich das anfühlt und wie andere Menschen reagieren werden. Erlebe dich schon jetzt in diesem Moment von morgen.

Am Tag danach, wenn du wirklich in dieser Situation bist, denk zurück an deine Imagination – an das, was du schon erfühlt hast, wie du dir den Moment vorgestellt hast und versuche dich zu erinnern, was an der Vorstellung am meisten real war.

Dies ist eine wunderbare Übung, um ein Gespür für seine Imaginationen zu bekommen und zu testen, welche Gefühle man sich schon vorher am besten holen kann.

# 3. EMOTIONALES VISIONIEREN

# DIE GARDEROBENSCHILDER MEINER TRÄUME

Hast du schon einmal davon geträumt, wie dein größter Wunsch Wirklichkeit wird? Wie sich deine verrücktesten Ziele erfüllen? Wie am Beginn dieses Buches beschrieben, hatte ich schon als Kind einen sehr intensiven Lebenstraum. Er war so stark, dass er mir die Kraft und Energie gab, ihn tatsächlich Wirklichkeit werden zu lassen.

Meine Vision war es, auf der Bühne zu stehen, im Fernsehen aufzutreten, vor Millionen Menschen zu sprechen und dafür Applaus zu ernten. All das ist passiert! Aber nicht, weil ich einfach nur darauf gewartet habe. Dieser Traum wurde Wirklichkeit, weil ich ihn zum Inhalt vieler innerer Imaginationen machte und vor allem, weil ich für diese Bilder starke Gefühle entwickelte. Ich begann mir vorzustellen, wie ich vor einer TV-Sendung von einer Limousine im Hotel abgeholt werde und mich ein sympathischer, höflicher Fahrer ins Fernsehstudio fährt. Ich träumte, wie mich der Produzent der Sendung empfängt, mich zu meiner Garderobe begleitet und wie ich das Türschild mit meinem Namen erblicke! In diesen Momenten fühlte ich mich so glücklich, zufrieden und stark. Ich spürte wahrlich, wie es wäre, für das Fernsehen zu arbeiten und der Star einer eigenen Sendung zu sein. Ich hatte dieses Gefühl jedes Mal, wenn ich in der Schulklasse aus dem Fenster sah, und musste einfach lächeln. Niemand hatte auch nur den Funken einer Ahnung, was ich in diesem Moment dachte und fühlte. Es war mein Geheimnis, mein Plan, mein Ziel, meine Vision. Ich sah jeden Tag diese Garderobenschilder mit meinem Namen, jeden Tag hatte ich das Gefühl dort hinzuwollen und jeden Tag verstärkte sich das Verlangen in mir, diesen Weg zu gehen. Ohne Kompromisse, mit vielen Hindernissen und Kritikern und egal, wie lange es dauern möge. Hätte ich einfach nur vor mich hingeträumt, ohne die mit dem Traum verbundenen Emotionen wahrzunehmen und zuzulassen, hätte ich meine Vision niemals erreicht. Denn sie waren es, die mich jeden Tag daran erinnerten, warum ich mein Hobby, die Magie, zum Beruf machen würde!

Weißt du eigentlich, dass ich nichts anderes gemacht habe, als einen inneren Startknopf in mir selbst zu drücken, der die ganze Maschine angeworfen hat? Die Emotion in meinen Träumen war der Startknopf, der mir die Kraft und Ausdauer gab, immer weiter an mich zu glauben.

Und ich möchte dir eines von ganzem Herzen sagen: Vor diesen Bildern dann zu stehen, wenn sie Wirklichkeit geworden sind, übersteigt jegliches Glücksgefühl. Es ist der absolute Wahnsinn! In meinem Fall waren es die Garderobenschilder. Ich habe sie daher immer wieder fotografiert. Zwei davon findest du weiter unten.

*»Wenn du nur vor dich hinträumst ohne dabei zu fühlen, wirst du auch weiterhin nur träumen.«*

Manuel Horeth, Mentalist

Die Garderobenschilder aus meinen Kindheitsträumen wurden wahr.

# WAS IST EMOTIONALES VISIONIEREN?

Visionieren ist »die Kunst, Dinge zu sehen, die für andere unsichtbar sind«, so schrieb einst der irische Schriftsteller Jonathan Swift. Eine Vision ist ein inneres Bild, ein Wunschbild, ein Zukunftsentwurf. Das lateinische Wort »visio« bedeutet »das Sehen« und »Erscheinung«.

Menschen, die außergewöhnliche Ideen und Vorstellungen über die Zukunft entwickeln, werden Visionäre genannt. Sie gelten als Vordenker, Vorreiter, Pioniere, Innovatoren und ihrer Zeit weit voraus. Sie zeichnet ein besonderer Weitblick und Ideenreichtum aus. Den verstorbenen Steve Jobs bezeichnete man als einen Visionär, einen Mann, der seine Träume verwirklichte. Mit Erfindungen wie dem iPhone, iPad und Co. revolutionierte er die Computer-Welt. Auch Martin Luther King gilt als einer – sogar als ein ganz besonderer. Im Jahre 1963, zu einer Zeit, in der Afroamerikaner noch nicht einmal das Wahlrecht besaßen, sprach er in seiner berühmten Rede am Lincoln Memorial von dem Tag, an dem seine Kinder nach ihrem Charakter und nicht nach ihrer Hautfarbe beurteilt würden.

Auch beim Emotionalen Visionieren entwickeln wir Vorstellungen von der Zukunft. Im Unterschied zu herkömmlichen Visionen, die sich auf alles und jeden beziehen können, machen wir aber uns selbst und unsere persönlichen Ziele zum Thema. Zudem spielt das emotionale Erleben, das Fühlen eine viel bedeutendere Rolle! Denn wir stellen uns unsere Träume und Visionen nicht einfach nur vor, sondern wir erleben sie so, als wären sie bereits Wirklichkeit geworden, und spüren die damit verbunden Gefühle in aller Intensität und Vielfalt.

## Emotionales Visionieren – macht das nicht jeder?

Emotionale Vorstellungen von der Zukunft werden natürlich bis zu einem gewissen Grad automatisch erzeugt. Wir alle verbinden gedanklich Emotionen mit unseren Vorhaben. Hat sich jemand zum Beispiel das außergewöhnliche Ziel gesetzt, mit dem Motorrad durch Sibirien zu fahren, so assoziiert er mit diesem Gedanken vermutlich Vorfreude, Aufregung und das Gefühl von Abenteuer. Wahrscheinlich hat er auch schon ein paar Bilder im Kopf – wie es dort aussehen könnte und wohin die Fahrt führen soll. Diese Hoffnungen und positiven Gefühle waren es vermutlich auch, die diese Reise zu seinem Wunsch werden haben lassen.

Tatsächliches Emotionales Visionieren geht allerdings noch einen Schritt weiter. Es geht über diese üblicherweise eher vagen bildhaften, emotionalen Assoziationen hinaus. Unser vornehmlich gedankliches Wissen darüber, dass ein gewisses Erlebnis mit bestimmten Gefühlen verbunden sein wird, wird ersetzt durch ein intensives Spüren dieser Emotionen. Mithilfe der Methode der Imagination reisen wir zu dem Augenblick, in dem sich unsere Wünsche und Ziele erfüllt haben. Wir leben uns in diese Situation hinein, wir verschmelzen in unseren Gedanken mit der Zukunft. Wir malen uns aus, was genau passieren wird, wo wir uns befinden werden und mit wem. Und wir sehen nicht nur Bilder, sondern wir spüren unsere Gefühle wirklich, die wir dann haben werden, wenn wir den Traum verwirklicht haben. Wir imaginieren und emotionalisieren diesen Moment so genau, wie wir nur können. Aber auch das Leben danach – wie es sein wird, dieses Ziel erreicht zu haben. Wir sehen alles genau vor uns und versuchen die damit verbundenen Emotionen in aller Tiefe zu erleben. Kurz zusammengefasst kann man sagen, wir erleben das Gefühl, ein Ziel oder einen Traum verwirklicht zu haben.

Warum aber gehen wir diesen Schritt? Weil Gefühle stärker sind als der Verstand und weil diese Gefühle der Antrieb, die Motivation sind, an uns zu arbeiten, bis wir das Ziel erreicht haben.

*»Wenn das Leben keine Vision hat, nach der man strebt, nach der man sich sehnt, die man verwirklichen möchte, dann gibt es auch kein Motiv, sich anzustrengen.«*

Erich Fromm, Psychoanalytiker

## Emotionales Visionieren – eine Methode der Selbstmotivation

Dieses Erträumen der Zukunft in Kombination mit dem Erleben der erfüllten Wünsche und dem absoluten Genießen des Erreichten ist der größte vorstellbare innere Antrieb des Menschen. Ein Antrieb von so enormer Intensität, dass er es vermag, uns zu unseren Zielen zu bringen. Denn um Besonderes zu erreichen, bedarf es Ausdauer, Energie und Kraft sowie einer außergewöhnlichen Motivation als Basis. Das mentale Erleben unserer verwirklichten Träume beschert uns ein tief verankertes Gefühl, das uns führt, leitet und immer wieder von Neuem antreibt.

Ich habe beobachtet, dass viele Menschen emotionaler über ihren zehntägigen Urlaub in Mallorca sprechen als über Visionen, die ihr ganzes Leben betreffen. Nimm dir Zeit, über dich und dein Leben ausführlich nachzudenken, und erlaube dir, dafür intensive Gefühle zu entwickeln. Emotionales Visionieren kann dir den Blick in die Zukunft deutlicher zeigen und ist damit meine Königsmethode der Selbstmotivation. Sie erfolgt durch das Verbinden methodisch-analytischer Strategien mit der eigenen Vorstellungskraft in zwei Schritten:

### Schritt 1: Zielformulierung

Die Voraussetzung für den strategischen Einsatz des Emotionalen Visionierens ist die Formulierung eines Zieles. Im ersten Schritt wird daher bewusst ein Wunsch ausgewählt. Im Idealfall werden auch Etappenziele festgelegt, auf welche schrittweise hingearbeitet wird.

### Schritt 2: Imaginieren und Erleben der Gefühle

In zweiten Schritt setzen wir unsere Imagination ein und konzentrieren uns auf unsere inneren Impulse und Gefühle. Dies verhilft uns zur nötigen Motivation, um die gewünschten Resultate zu erzielen.

## Goldene Regeln des Emotionalen Visionierens

Bei diesem Vorgehen sind zwei Dinge von besonderer Bedeutung. Werden sie nicht beachtet, schränkt dies die Wirkung meiner Methode ein. Ich habe sie aus diesem Grund als goldene Regeln des Emotionalen Visionierens bezeichnet.
Sie lauten wie folgt:
**Regel 1:** Habe Spaß an der Tätigkeit!
**Regel 2:** Vermeide jeglichen Zeitdruck!

Die beiden Regeln gelten in erster Linie für das Emotionale Visionieren selbst – also für die Momente, in denen du dir dein erreichtes Wunschziel vor Augen hältst. Du solltest sie dir jedoch auch im Zusammenhang mit der Zielerreichung zu Herzen nehmen. Denn nicht selten sind es Stress und mangelnde Freude an der Tätigkeit, die außergewöhnliche Leistungen verhindern.

## Das wahre Geheimnis der Motivation

Welchen Traum, welches Ziel, welchen Wunsch hast du eigentlich?

Möchtest du zu rauchen aufhören, dein Gewicht reduzieren, Nachfolger deines Chefs werden oder deine Flugangst bekämpfen?

Oder träumst du davon, ein erfolgreicher Musiker, Schauspieler, Sportler oder, mal ganz verrückt, sogar Papst zu werden?

Grundsätzlich sind alle diese Dinge machbar. Hast du dir aber schon mal die Frage gestellt, warum du dein Ziel erreichen möchtest?

Ich bin mir sicher, dass dein Ziel in Wirklichkeit nicht dein Ziel ist. Vielmehr ist es nur ein Mittel zum Zweck. Denn wir alle verfolgen in unserem Leben eigentlich ein und dasselbe Ziel: Glücklich sein! Das ist die Hauptvision der Menschheit.

Wenn wir ein erfolgreicher Musiker sein wollen, dann vielleicht, weil wir dadurch unserer Leidenschaft, der Musik, nachkommen können. Weil wir uns den ganzen Tag nur mit tollen Kompositionen und Melodien beschäftigen können! Es gibt uns die Möglichkeit, dem Leben nachzugehen, das wir uns schon immer wünschten, *weil* es uns glücklich macht!

Vielleicht wollen wir aber auch nur ein erfolgreicher Musiker werden, weil wir glauben, mit unserem musikalischen Talent am meisten Geld verdienen zu können. Aber das Erreichen dieses Zieles allein, wird uns kaum zufrieden stimmen. Denn Millionen von Papierscheinen im Safe liegen zu haben, hilft uns wenig. Als Material können wir mit Geld ja grundsätzlich nichts anfangen, außer es zu verheizen. Also vermutlich verbirgt sich dahinter noch eine weitere Motivation. Zum Beispiel, dass wir mit diesem Geld Autos und Häuser kaufen wollen oder das Gefühl der Sicherheit erleben möchten. Und diese Dinge wünschen wir uns wiederum, *weil* wir glauben, dass sie uns sehr glücklich stimmen würden.

Du siehst, die geheime Motivation hinter jeder Visionen ist das Lebensglück. Und unsere Träume und Ziele führen uns über Umwege dorthin.

Ich selbst habe mir oft die Frage gestellt, warum ich eigentlich schon als Kind diesen unglaublichen Traum hatte, Magier zu werden. Was war mein emotionales Interesse daran? Was gefiel mir daran so gut, dass ich dieses Ziel nicht mehr aus den Augen ließ?

Als Jugendlicher gefiel mir am meisten, dass ich etwas beherrschte, das die anderen nicht konnten. Dieses einzigartige Wissen, das Hüten von Geheimnissen und die überraschten Freunde und Schulkameraden motivierten mich, immer mehr zu üben. Wie sehr habe ich es genossen, der Einzige zu sein, der Außergewöhnliches vollbringen konnte. Es war einfach herrlich und am Ende machte es mich, im Nachhinein betrachtet, glücklich.

Jahre später, als ich mein Ziel immer weiter und intensiver verfolgte, kam ein neuer Aspekt hinzu. Ich spürte, dass es mir die Möglichkeit gab, unabhängig zu sein – finanziell auf eigenen Beinen zu stehen und keinen Vorgesetzen zu haben, sondern selbst der Chef zu sein. Auch das erzeugte in mir Gefühle des Glücks. Meine geheime Vision ist also genau genommen immer und von Anfang an dieselbe gewesen – ich wünschte mir das Wohlgefühl, das Glück, das mir ein fröhliches und schönes Leben beschert.

Ich hoffe, die letzten Zeilen haben dir dabei geholfen, das wahre Geheimnis unserer Selbstmotivation zu erkennen. Es liegt in unseren Glücksgefühlen. Diese wollen wir haben, diesen laufen wir nach – bis ans Ende der Welt, wenn es sein muss.

Und genau deshalb funktioniert das Emotionale Visionieren so wunderbar als Motivation, denn wer Blut geleckt hat, wer dieses Gefühl erlebt und gespürt hat, der will es wieder spüren!

## AUSWIRKUNGEN DES EMOTIONALEN VISIONIERENS

Ich beschreibe Emotionales Visionieren in diesem Buch als eine Methode der Selbstmotivation und als drittes Element des Horeth-Prinzips. Ziel dieses Kapitels ist es, zu erleben, wie man durch Emotionales Visionieren die größte innere Motivationskraft kennenlernt. Es soll dir helfen, deinen inneren Antrieb und Glück zu spüren! Das Emotionale Visionieren soll uns zudem positiv bei der Umsetzung unserer Ziele und Visionen unterstützen. Es soll uns zu zielorientiertem Handeln verleiten, es soll unsere Planungsfähigkeit erhöhen und es soll uns den Weg zu unserer Selbstverwirklichung öffnen. Wie, werde ich dir in diesem Kapitel noch genauer erklären.

### Emotionales Visionieren lässt dich deinen inneren Antrieb spüren

Durch das Visualisieren deines erreichten Zieles und das Empfinden der zugehörigen Emotionen werden deine innersten Beweggründe aktiviert. Das positive Ergebnis ist ein wunderbares Gefühl – ein Gefühl purer Leidenschaft, ein Gefühl reinen Glücks. Es ist vibrierend, prickelnd und voller Energie. Es lässt dich initiativ und ambitioniert werden. Du spürst intensive Begeisterung und fühlst dich mitten im Leben – schwungvoll, dynamisch, unternehmungslustig und motiviert.

## Emotionales Visionieren führt zu zielorientiertem Handeln

Das beschriebene Glücksgefühl ist der beste Motor um zu handeln und dich selbst zu aktivieren. Es schürt in dir den Willen, entschlossen, zuversichtlich und unbeirrt auf deine Träume zuzusteuern. Zudem verleiht es deinem Auftreten die dafür nötige Nachdrücklichkeit. Denn die aktivierten Emotionen lenken deine Aufmerksamkeit auf deine Vision. Sie versetzen dich in Spannung und Aktionsbereitschaft – je intensiver du die Emotionen spürst und je besser sie dir gefallen, desto motivierter wirst du sein.

## Emotionales Visionieren als Weg zur Selbstverwirklichung

Durch das Entwickeln und das bewusste Verfolgen deiner Träume gibst du dir die Chance, dich selbst zu verwirklichen. Viele Menschen arbeiten nur an den Zielen anderer mit, ohne zu wissen, was sie selbst wollen, oder lassen sich von ihrem Umfeld vorgeben, was und wie sie sein sollen. Dabei vernachlässigen sie sich selbst.

Das Emotionale Visionieren gibt dir die Möglichkeit, dich auf *deine* Bedürfnisse zu konzentrieren. Dadurch erlangst du Selbstbestimmtheit und Freiheit. Denn du beschreitest deinen eigenen Weg!

Ich habe die Erfahrung gemacht, dass viele Menschen immer nur für andere arbeiten und sich einfach unzufrieden fühlen. Ich rate dir daher, suche dir etwas, wo du bewusst für dich arbeitest. Ich weiß, das klingt jetzt sehr einfach, aber es ist wichtig. Denn es ist dein Leben und jeder Mensch hat das Recht, sich in seinem Leben zu verwirklichen. Oft werde ich gefragt, wie ich es denn schaffe, gleichzeitig auf Tour zu sein, Vorträge zu halten, im Radio zu moderieren, ein Buch zu schreiben, neue Shows zu entwickeln, im Fernsehen aufzutreten, kreative Ideen zu erarbeiten und so weiter. Die Antwort ist einfach, aber ehrlich: Ich schaffe es, weil ich nur für mich arbeite. Dadurch wird meine Arbeit zu meiner Berufung und meinem Leben. Das bringt mir das erwünschte Glücksgefühl und das gibt mir unendlich viel Kraft.

### Emotionales Visionieren fördert die Planungsfähigkeit und Selbstständigkeit

Das Emotionale Visionieren hat noch einen weiteren, nicht zu unterschätzenden Vorteil. Es stärkt deine Planungsfähigkeit. Indem du dir deine Zukunftsvision in allen Details vorstellst und erträumst, erkennst du ganz genau, welcher Schritt zu welcher Zeit notwendig ist. Dadurch wirst du auch noch selbstständiger und unabhängiger. Denn da du dein Ziel genau kennst, brauchst du niemanden mehr nach den richtigen Entscheidungen zu fragen. Du kannst dir im Grunde alle Fragen selbst beantworten und deinen Weg gehen.

## GEFÜHLE UND ANTRIEB

Das Universum lebt. Wir wissen nicht, wie es entstand. Hat es ein Gott geschaffen oder gab es einen Ur-Knall? Wir wissen nicht, wann es entstand. Mitten in der Ewigkeit oder vor rund 15 Milliarden Jahren? Wir wissen lediglich, dass eine Ur-Kraft es antreibt, sich immer weiter fort zu entwickeln. Mit dem Ziel sich zu entfalten und auszudehnen auf eine uns Menschen unbekannte Vision hin, die in der Unendlichkeit liegt.

Auch der Mensch braucht für sein erfülltes und glückliches Leben Visionen, Antriebe, Ziele und ständiges Wachstum. Von uns wissen wir, dass dafür seelische und körperliche Gefühle die Auslöser sind. Sie bringen uns in Schwung und dazu, uns auf unsere Lebensziele hinzubewegen. Je sinnlicher und je intensiver wir solche Gefühle erleben, desto größere Leistungen können wir erbringen.

Dabei handelt es sich bei Gefühl und Antrieb nicht um zwei verschiedene seelische Prozesse, sondern sie sind eng miteinander verbunden. Wissenschaftler sind der Überzeugung, dass derselbe psychische Vorgang sowohl eine Befindlichkeitsseite als auch eine Antriebsseite hat. Betont man die momentane Erlebnislage, spricht man von Emotionen oder Gefühlen. Betont man hingegen die Ziellage, zu der die Kraft drängt, spricht man von Antrieb.

Gefühle entstehen durch Bedürfnisse. Je nachdem, ob sie befriedigt werden oder nicht, erleben wir sie als angenehm oder unangenehm. Entsteht in einer Situation ein Mangel, wird ein Bedürfnis hervorgerufen, welches einzig und allein auf die Behebung des Mangels abzielt. Den Antrieb, sich mit unseren Bedürfnissen zu beschäftigen, nennen die Psychologen den Urantrieb. Abgesehen von diesem können wir noch zwei unterschiedliche Arten des Antriebs erleben.

**Primärer Antrieb**
Der primäre Antrieb, auch vitaler Antrieb genannt, wird zum Beispiel durch Hunger und Durst ausgelöst. Auch Sexualtriebe und Schlaftriebe zählen zu den primären Antriebsarten.

**Sekundärer Antrieb**
Der sekundäre Antrieb wird zur Erreichung eines Ziels eingesetzt. Im Unterschied zum Tier ist es uns Menschen möglich, unseren Antriebsimpuls durch Kontrolle unseres Bewusstseins zu steuern und so seine Verwirklichung auszusetzen, zu verzögern oder in eine andere Richtung zu lenken.

**Verbindung zwischen Gefühl und Körper**

Wird ein Bedürfnismangel nicht aufgehoben, lösen die unbefriedigten Gefühle langfristig körperliche Beschwerden aus.

Fachärzte versuchen immer wieder die Verbindung Gefühle–Organe zu beweisen. Leider ist es bisher noch nicht gelungen, die Vorgänge in alle Einzelteile aufzuschlüsseln, aber die Forschung eilt voran. So konnte beispielsweise mit einer aktuellen Studie nachgewiesen werden, dass bei sich sozial ausgegrenzt fühlenden Menschen und Reizdarm-Patienten dieselben Hirnareale überdurchschnittlich stark aktiviert sind. Die Teilnehmer der Studie spielten ein Computerspiel, bei dem sie nach einer Weile von anonymen Mitspielern ausgeschlossen wurden. Sie fühlten sich dadurch zurückgewiesen, waren in ihrem

Selbstwertgefühl verletzt. Mittels Magnetresonanztomografie wurde aufgezeichnet, was dabei in ihren Gehirnen geschah. So entdeckte man die Übereinstimmung zwischen ihnen und den zuvor untersuchten Reizdarm-Patienten.

Diese Ergebnisse sollen uns zwar nicht zu übereilten Schlussfolgerungen verführen – denn nicht jeder Mensch, der sich zurückgestoßen fühlt, reagiert auch mit körperlichen Beschwerden –, aber sie legen uns auf jeden Fall einen Zusammenhang zwischen Gefühl und Körper nahe.

## Ohne Gefühle keine Entscheidungen

Um dir noch deutlicher vor Augen zu führen, wie sehr uns Emotionen beeinflussen, möchte ich dir auch ihre Funktion beim Treffen von Entscheidungen näherbringen.

Wie du weißt, gibt es unterschiedliche Arten von Entscheidungen. Bei vielen spielen offensichtlich unsere Gefühle eine Rolle – etwa bei Entscheidungen, die die Liebe betreffen oder die Wahl des nächsten Urlaubsortes. Dann gibt es noch jene, bei welchen wir meinen, uns ausschließlich an Fakten zu orientieren und rational die Vor- und Nachteile abzuwägen. Zum Beispiel wenn es darum geht, welche Versicherung die besseren Konditionen bietet. Oder wenn wir scheinbar »emotionslos« beim Kauf zwischen verschiedenen Gebrauchsgegenständen wählen, die für uns von keiner besonderen Bedeutung sind.

Wie nun der portugiesische Neurowissenschaftler António Damásio herausgefunden hat, täuschen wir uns jedoch bei diesem Empfinden. Denn Gefühle spielen auch für »Vernunftsentscheidungen« eine große Rolle. Mehr noch: Ohne Gefühle, so fand er heraus, kann der Mensch keine einzige Entscheidung treffen! Dies hatten Untersuchungen an Menschen gezeigt, bei welchen die für emotionale Prozesse zuständigen Gehirnbereiche beeinträchtigt waren.

Gefühle sind aber nicht nur ein notwendiger Bestandteil um Entscheidungen treffen zu können. Sie sind auch in der Lage, unsere gedankliche Kontrolle zu unterwandern. Denn sind wir der Ansicht, etwas würde uns zu einem gewünschten Gefühl verhelfen, dann entscheiden wir mit dem Bauch anstatt mit dem Verstand! Rationale Überlegungen haben in diesen Momenten keine Chance mehr. Ein Wissen, das sich die Werbeindustrie gerne zunutze macht. Das beste Beispiel dafür ist das Phänomen der Marken.

Denke einmal an die Geschäftspraktiken von Diskontmärkten wie Aldi in Deutschland oder Hofer in Österreich. In ihren Regalen finden sich getarnt in anderer Verpackung Produkte bekannter Marken eins zu eins wieder. Gleicher Geruch, gleiche Qualität, gleicher Geschmack – zwischen den Produkten selbst ist kein Unterschied zu erkennen. Warum sollte es auch? In den Fabriken werden Marken- und Diskonterware in einem Vorgang hergestellt. Bis zum Zeitpunkt der Abpackung steht noch nicht fest, welches Produkt welchen Namen tragen wird. Am Ende wird ein Teil zu bekannten Markenartikeln, der andere zu unscheinbaren »No-name«-Produkten – einzig und allein durch die Verpackung! Und obwohl fast alle von uns wissen, dass die meisten Produkte in den Diskonter-Regalen in Wirklichkeit Markenartikel sind, gibt es noch immer viele, die die Originale bevorzugen. Aber warum? Warum entscheiden wir uns für die teure Version, wenn uns der Artikel in identer Qualität beim Diskonter zum halben Preis angeboten wird? Ich verrate es dir: Es sind die hinter den Marken stehenden Gefühlswelten, die uns locken. Denke zum Beispiel für einen Moment an Eiscreme von Langnese oder Eskimo! Den meisten werden dazu in Sekundenschnelle Werbebilder von Sonne und cremigem Eisgenuss einfallen. Was aber passiert, wenn du an das »HappyMix-Eis« von Lidl denkst? Richtig, sofern du die Eiscreme nicht schon vor Jahren für dich entdeckt hast, wahrscheinlich gar nichts!

Das heißt, die wahren Triebkräfte unseres Tuns sind unsere Emotionen! Und je attraktiver wir die Gefühle finden, die uns ein Produkt verspricht, beziehungsweise je zuversichtlicher wir mit ihrem Eintreten rechnen, desto weniger Entscheidungsgewalt hat unser Verstand. Unser Bild vom »rational handelnden Menschen« scheint daher eine Illusion zu sein.

*»Wenn Du ein Schiff bauen willst, dann trommle nicht Männer zusammen, um Holz zu beschaffen, Aufgaben zu vergeben und die Arbeit einzuteilen, sondern lehre sie die Sehnsucht nach dem weiten, endlosen Meer.«*

Antoine de Saint-Exupéry, Schriftsteller

## Die fünf Grundgefühle

In unserer Sprache gibt es unzählige Wörter um Emotionen einzuordnen. Viele davon beschreiben ähnliche Gefühle und lassen sich nur schwer voneinander unterscheiden. Sind etwa Freude, Glück und Zufriedenheit dasselbe oder handelt es sich dabei um eigenständige Gefühle? Schwer zu beantworten, denn gewisse Überschneidungen sind vorhanden.

Da sich Emotionen nicht wie Bakterien unter dem Mikroskop beobachten lassen, sind sie auch für die Wissenschaft schwer aufzuschlüsseln. Aber mithilfe von EEG-Mustern konnte man fünf Grundgefühle voneinander abgrenzen – die Intention, die Angst, die Aggression/der Schmerz, die Trauer und die Freude. Aus ihnen scheinen sich die Emotionen unseres täglichen Erlebens zusammenzumischen.

Ich möchte mit dir nun einen kleinen Ausflug in die Philosophie unternehmen. Ich will dir zeigen wofür unsere Grundgefühle stehen können und welche Leistungen sie für uns vollbringen. Das Ziel ist, dass du ein besseres »Gefühl« für deine Emotionen bekommst.

### 1. Grundgefühl: Die Intention

Die Intention kann man als Absicht, Vorhaben, Beweggrund, Anspannung geistiger Kräfte auf ein bestimmtes Ziel hin beschreiben. Sie wird als seelisches »Hungergefühl« verstanden. Intentionale Gefühle stehen am Anfang aller geistigen und motorischen Abläufe. Ohne einen Beweggrund fühlen wir uns leer und absichtslos. Wir benötigen die Intention, um zu lernen, zu lieben, Beziehungen zu beginnen, um kreativ zu sein, uns zu orientieren, um an etwas zu glauben, um zu planen und es auszuführen. Die Intention ist ganz eindeutig die Voraussetzung für die Entwicklung all unserer Fähigkeiten und Fertigkeiten sowie deren bestmöglichen Einsatz. Daher ist sie die bedeutendste motivierende Gefühlsstruktur für die Entwicklung des Menschen. Durch die Intention spürst du, wie dein Interesse an Gegenständen, Menschen, Lebewesen und an Situationen gefesselt wird. Durch sie werden wir von etwas angezogen, fasziniert, verlangen danach, möchten es näher kennenlernen und erforschen. Das »Hungergefühl« zeigt sich im Wissens-Durst, im Erlebnis-Hunger und in der Abenteuer-Lust in allen Lebensbereichen.

**2. Grundgefühl: Die Angst**

Wir haben Angstgefühle, wenn wir aufgeregt und besorgt sind oder uns beengt fühlen. Dies kann sich in der Folge von leichter Nervosität und Anspannung bis hin zur Panik hochschaukeln. Wir erleben Ungewissheit, Unsicherheit und Bedrohung als eine innere Spannung, die uns zunehmend handlungsunfähig machen kann. Ängste machen es möglich, dass wir wie gebannt erstarren oder im Gegenteil gedanklich und körperlich fluchtartig davonlaufen.

Nehmen sie überhand, werden sie zwanghaft, wie z. B. Platzangst, Höhenangst, Hundeangst oder Menschenangst. Personen, die Angst haben, zeigen dies durch Scham, Scheu, Verlegenheit, Zurückhaltung und Vorsicht.

**3. Grundgefühl: Die Aggression und der Schmerz**

Das dritte Grundgefühl lässt sich in Aggression und Schmerz unterteilen. Unter Aggression wird dabei der zielgerichtete Handlungsimpuls verstanden. Schmerz dagegen ist als »seelischer« Schmerz, im Sinne von Frustration zu sehen.

Die Aggression ist ein Kampf- und Streitgefühl und wie eben erwähnt in ihrer ursprünglichen Natur zielorientiert. Im täglichen Miteinander hilft uns Aggression, uns scharf abzugrenzen, uns zu distanzieren, unsere Integrität zu verteidigen oder schmerzhafte Beziehungen zu klären. Auch zeigt sie sich im gezielten Herangehen an Dinge oder Fragestellungen, im Beschreiten neuer Wege und in einem willensstarken Auftreten.

Der Schmerz hingegen ist ein Schwellengefühl, mit dem man Grenzen überschreitet und aktiv wird. Er ist ein Gefühl der Trennung, des schmerzhaften Abschieds und der Entscheidung. Er bedeutet Verzicht und Verlust. Denn wir müssen uns zwischen zwei Dingen entscheiden – für und gegen etwas. Die Konsequenz daraus ist, dass man etwas aufgibt, um etwas anderes zu gewinnen, man erleidet einen Verlust. Daher sind Entscheidungen schmerzvoll. Man könnte deshalb sagen, dass die Schmerzphase als Schwellengefühl grundlegender Bestandteil unserer Handlungen und gedanklichen Abläufe ist.

**4. Grundgefühl: Die Trauer**

Die Trauer ist ein Verlustgefühl. Den Urverlust, so könnte man sagen, erleben wir bei unserer Geburt durch die Trennung von der Mutter. Als Fall aus der Einheit und als Zerfall in zwei Einzelwesen. Das war die Voraussetzung, damit wir als selbstständiges Lebewesen weiterleben konnten. In unserem Leben ergeben sich immer wieder bewusst oder unbewusst Trauerfälle. Wenn wir eine Arbeit abschließen, jemanden verabschieden oder ein glücklicher Moment zu Ende geht. Ein Ziel sich als unerreichbar erweist, eine Vision sich in nichts auflöst, wenn wir einen vertrauten Arbeitsplatz gegen einen neuen eintauschen. Ein geliebter Mensch uns verlässt oder stirbt. Dabei fühlen wir uns enttäuscht, niedergeschlagen, erschöpft, mutlos, verzweifelt und bekümmert. Trauern ist wichtig und notwendig für unsere persönliche Entwicklung. Am Ende des Trauerns können wir uns vom Gegenstand unserer Trauer lösen. Das schafft Platz für Neues.

**5. Grundgefühl: Die Freude**

Die Freude ist das Glücksgefühl schlechthin. Im Augenblick der Freude hat sich ein Bedürfnis erfüllt. Freude zu erleben bedeutet, sich sieg- und erfolgreich sowie stolz und erfüllt zu fühlen. Du bist rundherum glücklich, zufrieden, euphorisch und schwebst auf Wolke sieben. Du fühlst dich mit der ganzen Welt verbunden, steckst sie mit deiner Freude an und diese kehrt wie ein Bumerang vervielfältigt wieder zu dir zurück. In diesen Momenten bist du voller Vertrauen und dein Leben ist vollendet schön.

Jedes der fünf Grundgefühle hat eine bestimmte Funktion und Wirkung. Das »Hungergefühl« Intention öffnet dich für dein Leben. Mit der Angst kannst du dich auf neue, noch unbekannte künftige Situationen einstellen. Aggression und Schmerz helfen dir Hindernisse zu überwinden. Die Trauer als Trennungsgefühl dient dazu, dich von vergangenen Vorlieben, Sicherheiten, Gewohnheiten zu verabschieden und zu lösen. Freude wiederum ist ein Erfüllungsgefühl und Ausdruck für deinen Erfolg. Sie bestätigt und bestärkt dein Selbst-Vertrauen und dass du und deine Welt in Ordnung sind.

Alle fünf Emotionen werden uns mit großer Wahrscheinlichkeit beim Verfolgen unserer Visionen begegnen. Wichtig ist aber, dass wir sie auch einordnen können und ihren Nutzen kennen. Denn so können auch die negativen Gefühle für uns hilfreich sein. Statt uns zu behindern, können sie uns dann antreiben, uns für gewisse Dinge zu entscheiden und sie umzusetzen.

**ÜBUNG**

Um deine Gefühle noch besser kennenzulernen, führe folgende Übung durch.
Schreibe dir eine kleine Liste mit deinen bereits erfüllten Träumen und erinnere dich jedes Mal zurück, wie es sich angefühlt hat, als sie Wirklichkeit wurden.

Traum 1: ______________________________

Traum 2: ______________________________

Traum 3: ______________________________

Versuche folgende Fragen für dich ehrlich und genau zu beantworten: Wie hast du deine Erinnerung gefühlt? Welches Grundgefühl hast du jeweils gespürt? Wie hat sich dieses Gefühl in deinem Körper angefühlt?

## Emotionales Interesse

Ich bin der festen Überzeugung, dass wir, um eine Vision erzeugen zu können und sie ohne »Wenn und Aber« durchsetzen zu können, unser emotionales Interesse wecken müssen. Denn entsteht ein Gedanke nur durch den Verstand, dann hat dieser ein ganz klares Ablaufdatum. Meist schmerzt es uns auch nicht, wenn wir ihn wieder verwerfen, denn der Mensch ist von Natur her ein bequemes Wesen und jedes Arbeiten an einer Vision wäre anfangs mit unangenehmen Taten verknüpft. Zudem hilft uns der Verstand diese Bequemlichkeit zu begründen.

Aber wie können wir uns motivieren, unsere Komfortzone zu verlassen und vorerst unangenehme Taten zu vollbringen – den inneren Schweinehund zu überwinden?

Nehmen wir mal die Geschichte einer 30-jährigen übergewichtigen Frau, ihr Name ist Alexandra. Mit ihren 1,57 m wiegt sie 86 Kilogramm. Sie liebt Schokolade, Kuchen, Schweinebraten und Cola. Ihr Verstand sagt ihr immerzu: »Du bist zu dick! Du musst weniger und gesünder essen! Du sollst dich mehr bewegen!« Jeden Tag hat Alexandra ein schlechtes Gewissen, wenn sie isst. Jeden Tag blickt sie deprimiert in den Spiegel. Jeden Tag nimmt sie sich vor, »morgen beginne ich endlich abzunehmen«.

So sieht Alexandras Leben schon seit drei Jahren aus. Und es wird immer schlimmer – sie wird immer dicker! Ihr Verstand hat nicht die Kraft, sie zum Beginnen zu bringen, geschweige denn sie durchhalten zu lassen. Ihre Lust zu Essen ist einfach stärker.

Würde sich Alexandra in einer Imagination in 20 Jahren sehen mit aufgeblasenem Gesicht und 60 Kilo schwerer, ließe das wohl ihre Gefühle hochkommen. Sie könnte die Emotionen erleben, die sie in der Zukunft spüren würde, und wäre wahrscheinlich schockiert. Dadurch würde sie ein emotionales Interesse daran entwickeln, dass dieser Zustand nie Wirklichkeit wird. Dies kann ihre Motivation so stark werden lassen, dass Alexandra wirklich beginnt an ihrer Figur zu arbeiten. Rationale Einsichten bewegen eher wenig in unserem Leben, emotionale Einsichten dagegen können Wunder bewirken!

## DAS PHÄNOMEN DER VISION

Die Natur unseres Willens ist es, danach zu streben, unsere Visionen und Ziele zu finden, unsere persönlichen Entscheidungen zu treffen und sie in die Tat umzusetzen. Unser Wille hat die Fähigkeit, uns entgegen allen Widerständen sicher nach Hause zu unserer Vision zu bringen. Wir haben die Vision anfangs als Zukunftsentwurf, als Wunschbild und inneres Bild beschrieben. Was aber macht eine Vision wirklich aus? Was unterscheidet den einfachen Zukunftsplan, sich ein neues Auto zu kaufen, von großen Visionen wie etwa dem Wunsch, ein weltberühmter Krimiautor zu werden? Damit du eine noch genauere Vorstellung davon bekommst, was es wirklich bedeutet, eine Vision zu haben, möchte ich auf den Begriff in diesem Abschnitt nochmal näher eingehen.

Konkret definiert man als Vision das lebendige, positive Bild eines erstrebenswerten Zustandes. Das motivationsfördernde Zielfoto einer entsprechenden Situation und einer Person.

Eine Vision ist eine starke, mächtige Idee, die sich aus gefühlvollen und kraftvollen Zukunftsbildern zusammensetzt. Für Aristoteles bedeutete eine Vision zu haben, mit der Seele zu denken, denn die Seele denkt nie ohne ein Bild. Eine Vision zielt auf Erfolg ab. Sie ist die Voraussetzung für zielorientiertes Handeln und lässt die Tür für Entwicklungsmöglichkeiten weit offen. Sie beinhaltet zentrale persönliche Werte, individuelle Überzeugungen und, das Wichtigste, sie lässt keinerlei Widersprüche zu! Seine eigene Vision zu entwickeln, hat viel mit Leidenschaft, das heißt mit Gefühlen zu tun. Wenn du weißt, wofür dein Herz wirklich schlägt, wird dir deine Arbeit immer leicht von der Hand gehen. Denn du wirst sie einfach gerne tun. Und was wir wirklich lieben, das können wir auch gut verkaufen. Weil wir mit unserer ganzen Persönlichkeit dafür einstehen und unsere gesamte Überzeugungskraft aufwenden können. Visionen sind der Stern, an dem wir uns orientieren. Allein schon deswegen solltest du dich fragen, was dich im Leben leitet.

*»Handle, wie du fühlst, und fühle, wie du handelst.«*
Gaius Plinius Caecilius Secundus, römischer Senator

Wie aber findet man seine Vision? Dazu gebe ich dir im Folgenden gerne einige Hinweise. Allerdings möchte ich die Frage etwas abwandeln in: »Wo finde ich mein Vision?«

## Die Quelle deiner Visionen

Du wirst deine Visionen überall dort finden, wo es um Bedürfnisse geht. Die Welt hat Bedürfnisse und du hast sie. Bring die beiden zusammen. Die Welt braucht Ärzte, Gärtner, Künstler, Hausfrauen, Mütter und du brauchst das Gefühl, eines dieser Bedürfnisse optimal und erfolgreich befriedigen zu können, weil du die dazu besten Fähigkeiten besitzt. Menschen am richtigen Platz sind glücklich. Denn ein Briefträger wäre wahrscheinlich nicht glücklich mit dem Job eines Informatikers.

Das heißt, du findest deine Vision da, wo du deine persönlichen herausragenden Fähigkeiten besitzt. Jeder Mensch hat etwas, das er besonders gut kann und wobei er sich immer als Chef und Sieger fühlt. Es ist so einfach, denn das, was du fühlst, ist Wirklichkeit. Du wirst sehen, du wirst als Chef auch in der Realität überzeugen können.

Auch wirst du deine Vision dort finden, wo du von Vorbildern beeindruckt und von vorbildhaftem Verhalten fasziniert bist. Denn du fühlst dich vor allem von jenen Menschen angezogen, die etwas erreicht haben, das dich selbst interessiert – auch wenn du dir dessen vielleicht noch nicht bewusst bist. In diesen Fällen können dir deine Vorbilder als Inspiration dienen.

Weiters wirst du eine Vision dort erkennen, wo du deine Sehnsucht spürst. Ein jeder kennt die Sehnsucht als unbestimmtes Gefühl. Die Wissenschaft hat bis heute für sie keine Erklärung gefunden. Denn Sehnsucht ist ein umfangreiches und höchst individuelles Gefühl des Schönen, aber Unerreichten. Das ist auch der Grund, warum sie sich so bittersüß anfühlt und immer wehtut.

Wissenschaftler vermuten, dass die Sehnsucht in der Evolution des Menschen entstanden ist, um ihn immer wieder nach neuen Wegen suchen zu lassen und ihn zu Veränderungen zu drängen.

Auch deine Werte bestimmen den Ort deiner Visionen, denn sie bestimmen, wie wir sie erreichen. Deine Werte sollten mit denen deiner Umwelt so weit wie möglich deckungsgleich sein. Dies ist wichtig, damit du dich voll entfalten kannst und deine Vision erfolgreich erfüllst. Werte werden als Orientierungs- und Entscheidungshilfen immer bedeutender, da es in unserer Zeit keine für alle verbindlichen Werte mehr gibt. Da sich jeder von uns bewusst und unbewusst an Werten orientiert, ist es doch gut, einmal nachzufühlen, welche Werte mir persönlich wichtig und wertvoll sind. Laut einer Befragung in Deutschland im Jahr 2011, welche Werte und Tugenden uns persönlich besonders am Herzen liegen, rangierte die Ehrlichkeit mit 60% ganz oben. Gefolgt von Treue und Zuverlässigkeit mit ca. 22%. Höflichkeit war nur noch für 10% wichtig.

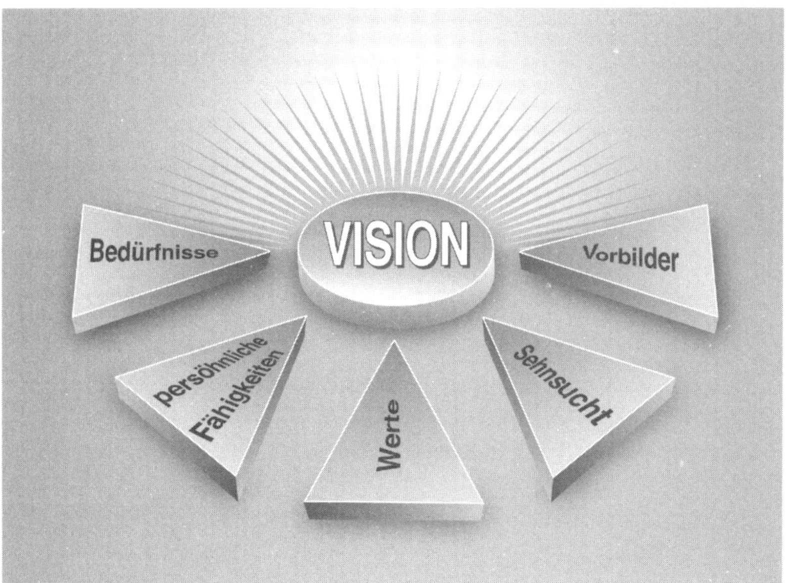

Ein Blick auf diese fünf Bereiche – auf deine Bedürfnisse und die deiner Umwelt, auf deine Fähigkeiten und Vorbilder sowie auf deine Sehnsüchte und Werte – kann dir helfen deine Visionen zu entdecken. Die meisten von uns brauchen sie jedoch gar nicht zu suchen. Denn häufig überfallen uns Visionen spontan, oft als fremdartige und zum Teil befremdende Ideen. Es gehört Mut dazu, sich auf sie einzulassen und mit ihnen das Leben zu gestalten. Visionen sind kraftvolle Bilder, die einen Sog auslösen, der unsere Partner, Freunde, Familien und alle Mitmenschen zu begeistern und mitzureißen vermag und diese zu Verbündeten und Mitstreitern macht.

*»Der einzig wahre Realist ist der Visionär.«*
Federico Fellini, Regisseur

**ÜBUNG**

Die Beerdigung.
Schließe deine Augen und stelle dir Folgendes vor: Du bist auf einer Beerdigung und betrittst die Kirche, der Gottesdienst beginnt gleich. Du schaust dich um, und während du dir einen freien Platz suchst, um dich hinzusetzen, siehst du einige Menschen, die du kennst. Nachdem du relativ weit hinten Platz genommen und dich in Ruhe umgesehen hast, bemerkst du, dass du jede Person in dieser Kirche kennst. Ich wusste gar nicht, dass der Tote dieselben Freude hatte wie ich ..., denkst du dir vielleicht in diesem Moment.
Plötzlich, als du nach vorne blickst und den offenen Sarg siehst, bemerkst du, dass es nicht irgendeine Beerdigung ist, sondern deine eigene!
Ich möchte, dass du dir jetzt in Ruhe folgende Frage beantwortest: Was wünscht du dir, dass diese Menschen, die Menschen, die dich geliebt haben, jetzt gleich über dich sagen – bei deinem eigenen Begräbnis?

Beim Emotionalen Visionieren

## EMOTIONALES VISIONIEREN – DIE TECHNIK

Die Technik des Emotionalen Visionierens soll dir nun Schritt für Schritt zeigen, wie du in deinen Gedanken das Erreichen deines Ziels, deiner Vision bereits jetzt erleben kannst. Auch wird sie dir zeigen, wie du in dir selbst das zugehörige Erfolgsgefühl erzeugen und stark werden lassen kannst. Das klare Ziel dieser Methode ist es, auf diese Weise dein Verlangen zu aktivieren.

Die nachfolgende Technikübung zum Emotionalen Visionieren ist eine Kombination aus Methoden und Techniken, die du in diesem Buch bereits kennengelernt hast. Sie besteht aus drei Phasen, in welchen ich dir Gedankengänge zeige, die dich zu deinem Erfolgsgefühl führen. Die Fragen, die ich dir dazu stelle, sollen dir helfen, deinen aktuellen Gefühlszustand besser zu erkunden und zu verstehen.

### PHASE 1 – MIND CHILLING

Um dich in einen absoluten Entspannungszustand zu versetzen, empfehle ich dir, dein bereits trainiertes Mind-Chilling-System zu benützen. Begib dich bitte wieder an einen Ort, an dem du ungestört bist, schließe deine Augen und versetze dich wie im Kapitel Mind Chilling gelernt in deine Vergangenheit. Geh in deinen Gedanken zurück an deinen wunderschönen Ort und genieße die Gefühle und Eindrücke, die in dir hochkommen, wenn du dich daran erinnerst.

### PHASE 2 – DIE TÜR DER VISIONEN

Wenn du deinen gewünschten Entspannungszustand erreicht hast, reist du in deinen Gedanken zurück in deine Gegenwart. Begib dich in den dir schon bekannten weißen Raum. Er steht für Neutralität und gedankliche Reinheit. Wirklich alles ist weiß an diesem Ort – weiße Wände, weiße Decke, weißer Boden. Stell dir jetzt in deinen Gedanken vor, wie du ganz langsam in diesem Raum zu schweben beginnst.

Jeder Atemzug in deinem Körper lässt dich einige Zentimeter weiter nach oben treiben. Genieße dieses vollkommene Gefühl der Freiheit und Unabhängigkeit. Du schwebst leicht, angenehm, sanft und gefühlvoll.

Beobachte nun deinen Körper: Wie fühlt sich dieser Zustand bei dir an? Was hat sich in deinem Körper in diesem weißen Raum im Vergleich zum Mind Chilling verändert? Fühlt sich dein Körper wärmer oder kälter an? Wie hat sich dein Entspannungszustand gewandelt?

Stell dir nun vor, wie du in diesem Raum eine weiße, geschlossene Tür erblickst. Vielleicht ist sie klein und schmal, vielleicht aber auch groß und mächtig. In deinen Gedanken schwebst du zu dieser Tür. An ihr ist ein weißes, leeres Schild befestigt. Ebenso klebt dort ein großer schwarzer Filzstift. Nimm ihn dir und schreibe auf dieses Schild in dicken Buchstaben und mit wenigen Worten dein Ziel, deinen Wunsch, deine Vision.

Was möchtest du unbedingt in deinem Leben erreichen – vielleicht ganz bald, vielleicht in fernerer Zukunft? Wo verspürst du Sehnsucht und Verlangen? Möchtest du vielleicht zu rauchen aufhören, Gewicht abnehmen oder mehr Selbstbewusstsein erlangen? Egal was es ist, schreib es in deinen Gedanken auf dieses Schild. Lass dir dazu Zeit und genieße es, dein Ziel schriftlich festzuhalten.

Schreibe unter dieses Ziel auch die Anzahl der Tage, Wochen oder Jahre, die es bis zu seinem Erreichen braucht.

Hinter dieser Tür befindet sich genau der Moment deines Lebens, in dem es passieren wird – der Moment, in dem dein Ziel Wirklichkeit wird! Bevor du sie öffnest, stell dir vor, wie wohl du dich fühlen wirst, wenn du es geschafft hast. Wie stehst du deinem Traum gegenüber? Wie sehr möchtest du ihn erreichen? Wie sehr würde dein Leben davon profitieren? Wie sehr würde es deine Lebensqualität verbessern? Wie glücklich würdest du sein? Wenn du dich bereit fühlst und schon das erste Mal gefühlt hast, was auf dich zukommen wird, dann erlaube dir nun, diesen Schritt zu gehen, den Schritt zu diesem Moment in deiner Zukunft. Du kannst ihn jetzt gleich schon erleben, voll und ganz auskosten und genießen.

## PHASE 3 – DIE ZUKUNFT ERLEBEN

Öffne jetzt in deinen Gedanken diese weiße Tür, die Tür in deine Zukunft.

Du schwebst durch sie hindurch. Du fühlst die Spannung in dir, die Neugierde, die Sehnsucht, diesen Moment endlich erleben zu dürfen. Plötzlich bist du in einer Szene angekommen, einer Situation, die nur du in deinem Leben wirklich kennen kannst. Es ist der Augenblick, in dem dein Traum Wirklichkeit wird. (Falls du Raucher bist, könnte es zum Beispiel der Zeitpunkt sein, an dem du zum ersten Mal – in einer Situation, in der es dir sonst schwerfallen würde – NEIN zu einer Zigarette sagst.)

Du bist nun mitten in dieser Situation. Wo bist du? Wer ist bei dir? Wie siehst du aus? Wie ist die Umgebung? Was passiert gerade? Welche Abläufe erlebst du? Versuche all deine Sinne einzubeziehen! Was kannst du riechen, hören, sehen und ertasten? Eventuell auch schmecken? Verschmilz mit diesem Moment, er wird dir das pure Glücksgefühl schenken. Du selbst erlebst jetzt diesen Moment aus deinen Träumen, diesen Moment, der so fern war, so unerreichbar. Du erlebst ihn jetzt in deiner gedanklichen Wirklichkeit. Lass dich vollkommen gehen in deiner Gedankenwelt und erlaube dir, diese Situation absolut real zu erleben – diesen Moment, der so fern war, so unerreichbar. Was fühlst du und wie fühlst du es? Wie reagiert dein Körper? Spürst du, wie sich deine Glücksgefühle ausbreiten? Wie fühlt es sich an, das Glück? Du hast jetzt die Möglichkeit, alles um dich herum zu beobachten. Lass dir Zeit und genieße es.

Wenn du ausreichend lange in dieser Situation verweilt hast, dann stelle dir die Auswirkungen vor. Was wird sich nun für dich ändern?

Was wird alles auf dich zukommen, jetzt, nachdem du dein Ziel erreicht hast? Was wird noch Schöneres passieren? Was wirst du dadurch alles genießen können? Stell dir all dies tief und fest vor und erlebe es mit allen Sinnen.

Beobachte in deinen Gedanken auch deine Mitmenschen, wie sie sich mit dir freuen, wie du vielleicht jemanden aus deiner Familie oder deinem Umfeld unendlich glücklich machst. Schau, wie die Menschen jetzt auf dich reagieren und wie der Unterschied zu früher ist. (Als Beispiel könntest du dich nun glücklich mit deiner Familie sehen, du siehst deine Frau oder deinen Mann, deine Kinder, wie stolz deine Familie auf dich ist, dass du es endlich geschafft hast.)

Nimm dir ein paar Minuten Zeit, um die Erlebnisse nach dem Erreichen deines Zieles vollkommen auszukosten.

Wenn du das Gefühl hast, dass du diese Momente nun kennst und alles gespürt hast in dir, dann merke dir dieses Gefühl ganz tief und fest und nimm es in deinen Gedanken mit in den weißen Raum. Denn du schwebst nun wieder dorthin zurück.

Zähle mit deiner inneren Stimme von 0 bis 10. Mit jeder Zahl stellst du dir vor, dass deine Arme und Beine wieder leichter werden, dass du immer wacher wirst und wieder zurückkommst ins Hier und Jetzt. Bei 10 öffnest du die Augen und bist wieder vollkommen erholt und frisch.

Auch bei dieser Übung kannst du dich selbst in Gedanken durch die Übung führen, eine Tondatei auf dein Handy aufzuzeichnen oder einen Freund um Hilfe zu bitten. Die MP3-Datei »Emotionales Visionieren« für die Übung mit mir findest du auf der Webseite meines Instituts – www.manuelhoreth-institut.at – zum Download. Logge dich wie gehabt bei Hörübungen mit dem Passwort »mental« ein.

## EMOTIONALES VISIONIEREN ALS 3. ELEMENT IM HORETH-PRINZIP

Das 3. Element im Horeth-Prinzip zählt nun nicht mehr zu den Basistechniken, sondern es stellt bereits den ersten spürbaren Schritt auf dem Weg zur Erreichung deiner Vision dar. Denn als eine spezielle Form der Imagination hilft dir das Emotionale Visionieren dein Ziel zu erleben, noch bevor es Wirklichkeit wird.

Emotionales Visionieren ist die geheime Technik der Sieger, der Visionäre und der Gewinner dieser Welt.

Wissenschaftler wie Albert Einstein oder Nikola Tesla, der Erfinder des Wechselstroms, nützten das Emotionale Visionieren, um Kraft und Durchhaltevermögen für die Umsetzung ihrer Ideen zu bekommen. Schauspieler und Sportler wie Arnold Schwarzenegger sahen sich schon in jungen Jahren in ihren Träumen als Sieger und Helden ihrer Zeit. Sie nützten Emotionales Visionieren um sich zu motivieren. Musiker wie der berühmte Konzertpianist Arthur Rubinstein übten nicht nur täglich viele Stunden am Klavier, sondern trainierten in ihren Gedanken auch, wie sich das Lied am Ende anhören soll. Sie sahen sich im Konzertsaal spielen und genossen schon in ihren Gedanken den grandiosen Applaus.

Wenn viele erfolgreiche Menschen Emotionales Visionieren nützen, um einzigartig zu werden und um Ziele zu verwirklichen, warum machst du es nicht auch? Jeder kann es, jeder Mensch auf dieser Welt, und am besten kannst du es!

Im Horeth-Prinzip gibt dir das Emotionale Visionieren den ersten intensiv gefühlten Blick auf deine Vision. Es lässt sie dich das erste Mal wirklich spüren und erleben. Nütze dieses Erlebnis für dich, denn die wahre Motivation für alles beginnt mit unseren Gefühlen.

Damit du nun deinen Antrieb nicht nur einmal gespürt hast, sondern ihn auch regelmäßig wieder erleben kannst, lade ich dich ein, zum nächsten Kapitel zu kommen – meinem Lieblingskapitel. Hier wirst du lernen, wie es möglich ist, dieses Verlangen immer wieder und jederzeit abzurufen zu können.

*»Wenn du es träumen kannst, kannst du es auch tun.«*

Walt Disney, Zeichner

# 4. MIND BRANDING

## DER DUFT DES SCHIFFES

In meinem ersten Buch »Wir sind alle Mentalisten – das Geheimnis der 5 Sinne« habe ich dir mein persönliches Duftgeheimnis verraten. Da es bereits etwas mit Mind Branding zu tun hatte, hier zur Einstimmung noch einmal ein kleiner Auszug daraus:

*»Sie sind kurz vor einer Präsentation, einem Termin oder einer wichtigen Situation, in der Sie zu 100 Prozent funktionieren müssen. Aber Sie sind heute nicht so in der Stimmung und in der Laune für Ihr Vorhaben?*

*Ich habe für mich eine Methode gefunden, wie ich mich in kürzester Zeit in eine bestimmte Stimmung versetzen kann. Ich nenne es mein ganz persönliches Duftgeheimnis!*

*Wie funktioniert das genau? Mein Ziel war es, mich für meine Shows in eine Erfolgsstimmung zu bringen. Es sollte eine Gefühlslage sein, die mir Kraft, Erfolg und Spaß vermittelt, um bestens gelaunt und stark motiviert in eine Live-Show zu gehen. Ich habe mir ein besonderes Parfum gekauft und habe es jeden Tag mitgenommen. Jedes Mal, wenn ich mich besonders stark, erfolgreich und motiviert fühlte, sprühte ich mich mit diesem neuen Duft ein. Nach jeder besonders spannenden und tollen Show, wenn ich viel Spaß hatte und an wunderschönen Orten war, sprühte ich mich ebenfalls mit immer demselben Duft ein.*

*Nachdem ich dies monatelang praktiziert hatte, verwandelte sich dieser Duft für mich in den Duft des Erfolgs.*

*Bevor ich auf die Bühne gehe, verwende ich heute immer noch genau dieses Parfum, denn es gibt mir das Gefühl, dass es eine tolle Show werden wird, und ich rieche ständig die Erinnerungen an diese besonderen Momente!*

*Falls es Sie interessiert, wie mein persönliches Duftgeheimnis riecht: Terre d'Hermès«*

Was ich allerdings in meinem ersten Buch nicht beschrieben hatte, war, wie diese Idee entstand und vor allem, was dies mit Mind Branding zu tun hat. Das möchte ich nun nachholen und dir hier und heute erklären.

Alles begann 1997, ich war damals 19 Jahre alt. Da ich die Biografie der beiden weltbekannten Illusionisten Siegfried & Roy gelesen hatte, aber meinen eigenen Weg noch nicht gefunden hatte, war die Erfolgsgeschichte dieses deutschen Duos für mich sehr spannend und interessant. Ich möchte einige wenige Zeilen aus diesem Buch von damals zitieren:

»*Mit Tatkraft, Willensstärke und Zielstrebigkeit haben wir den Aufstieg aus schwierigen Verhältnissen in unserer deutschen Heimat geschafft. Wir sind unseren Träumen gefolgt, denn wir hatten nur diese. Dadurch ist unser Leben auf magische Weise verwandelt worden. Wir sind der festen Überzeugung, dass jeder Menschen unabhängig von Herkunft und Lebensumständen die Macht besitzt, seine Fantasien zu verwirklichen.*«

Die Lebensgeschichte von Siegfried & Roy, ihre weißen Tiger, ihr Welterfolg in Paris und Las Vegas und die Schilderungen der beiden Illusionisten, wie sie sich einst auf einem Kreuzfahrtschiff kennengelernt hatten und dort nur durch Zufall ein Showduo wurden, ließen mich nicht mehr los. Ich wollte auch so schnell wie möglich auf einem dieser Ozeanliner auftreten und dieses Gefühl der Freiheit am Meer spüren, welches sie immer beschrieben hatten. Es dauerte nicht lange und ich bekam einen Kontakt zu einer Kreuzfahrtgesellschaft, bewarb mich dort als Künstler und ein halbes Jahr später hatte ich schon den ersten Auftritt vor 800 Passagieren auf einem Kreuzfahrtschiff in der Ostsee. Es war genau so, wie ich es im Buch von Siegfried & Roy gelesen hatte, und ich spürte dieses Gefühl der Freiheit auf dem Meer. Dieses Gefühl war wunderbar und ich wollte es immer wieder erleben, so kam es, dass ich einige Jahre lang jedes Jahr mehrmals auf Kreuzfahrtschiffen auftrat und dort das Showprogramm bestritt. Ich fuhr um die halbe Welt, von Spitzbergen bis Malta, von England bis in die Karibik, von Venedig bis nach Istanbul, von Mallorca bis zu den Kanarischen Inseln, von Brasilien bis Chile, vom Nordkap bis nach St. Petersburg.

Ich weiß eigentlich nicht mehr warum, aber durch Zufall begann ich bei jeder dieser unzähligen Reisen immer dasselbe Parfum für die Abende mitzunehmen. Wahrscheinlich weil ich es zu Hause nie verwendete und mir dachte, dass ich es doch mal wieder nehmen könnte. Eine glückliche Fügung brachte mich also dazu, bei jeder Reise nach »Salvatore Ferragamo« zu duften.

Vor jedem Auftritt im großen Theater ging ich durch den Hinterausgang auf die Rückseite des Schiffes und war dort vollkommen allein. Hunderte Menschen warteten auf die große Show und ich genoss diesen Blick in die Ferne, diese Freiheit, den Wind, das Meer und fühlte mich unglaublich stark und motiviert. Es war ein so faszinierendes Gefühl, zum Beispiel mitten am Atlantik zu sein, gleich einen Auftritt im Theater zu haben, aber trotzdem wie auf einem anderen Planeten durch die Welt zu reisen.

Da mich das Leben am Schiff so glücklich werden ließ und ich jede Sekunde an Bord genoss wie einen Hauptgewinn, begann sich unbewusst ein »Duft des Schiffes« zu entwickeln – mit jeder Reise etwas mehr. Lange Zeit bemerkte ich es gar nicht. Es vergingen, glaube ich, ein paar Jahre und eines Tages, zu Hause in Österreich – ich fühlte mich an diesem Tag irgendwie müde und niedergeschlagen – sah ich im Badezimmer ganz versteckt das Schiffsparfum und sprühte es mir einfach auf den Arm, weil ich es mal wieder riechen wollte. Und da passierte es: Ohne zu überlegen schlossen sich meine Augen, wenige Sekunden später stand ich mitten am Schiff, genau dort, wo ich mich immer vor den Shows befand, und ich fühlte mich plötzlich so unendlich glücklich, zufrieden, kraftvoll und motiviert. Es war wirklich unglaublich. Ich konnte es kaum fassen, welche Wirkung dieser Duft auf mich ausübte. Ich bemerkte, dass ich mich selbst so konditioniert hatte, dass ich mit diesem Duft nun einerseits das Kreuzfahrtschiff und andererseits die Gefühle dort verband. Vollkommen automatisch hatte sich dies bei mir entwickelt. Und, wie sollte es anders sein, ich habe diesen Moment als Anlass genommen, mit Gefühlen und Düften zu experimentieren.

Ich lernte, wie man Düfte mit Erlebnissen bewusst verbinden kann und wie es dadurch möglich wird, sich jederzeit an bestimmte Situationen zu erinnern. Erinnerungen und Gefühle kommen durch das Versprühen eines Duftes einfach und schnell wieder zurück, es ist einfach wunderbar.

Kurz vor dem Auftritt auf einem Kreuzfahrtschiff mitten im Atlantik

Aus dieser Idee heraus entwickelte ich dann mein Duftgeheimnis mit einem anderen Parfum, das mir verstärkt Sicherheit und Selbstvertrauen vor Auftritten geben sollte, und es funktionierte. Nun verwende ich diese Dufttechnik schon seit vielen Jahren um Gefühle zu verankern und zu fixieren.

Wie ich später begann, diese Erkenntnis weiterzuentwickeln, um meinen Visionen und Zielen näher zu kommen, und vor allem, warum ich meinen Antrieb dafür nie verloren habe, darf ich dir jetzt in diesem Kapitel, das ich Mind Branding nenne, näher erklären.

*»Der Duft der Dinge ist die Sehnsucht, die sie in uns nach sich erwecken.«*
Christian Morgenstern, Dichter

## WAS IST MIND BRANDING?

Mind Branding programmiert dich auf Erfolg und auf dein Ziel. Mind Branding ist deine Chance, um dir deine Visionen so schnell wie möglich zu erfüllen.

Damit wir an unseren Zielen festhalten, damit wir nicht müde werden sie zu verfolgen und uns auch von größeren Widerständen nicht abschrecken lassen, müssen wir das beim Emotionalen Visionieren erlebte Wohlgefühl immer wieder spüren. Es soll uns immer wieder an unsere Träume erinnern, damit wir sie nicht mehr aus den Augen verlieren. Wir müssen unser Ziel verstärken und richtiggehend in unser Denken »einbrennen«. Genau das geschieht beim »Mind Branding«. »To brand« bedeutet nämlich in der englischen Sprache genau das – etwas aufbrennen, brandmarken, kennzeichnen oder markieren. »Mind« haben wir ja bereits im ersten Kapitel als den Geist, den Verstand und das Denken kennengelernt.

Beim Mind Branding fixieren wir also ein positives Gefühl in unseren Gedanken – genauer gesagt wir fixieren das im Emotionalen Visionieren intensiv erzeugte Glücksgefühl. Dieses Gefühl, das sich anfühlt, als hätten wir unser Ziel schon erreicht, festigen und speichern wir in unserem Gehirn, um es später mit einer sogenannten Ankertechnik, einer Erinnerungstechnik, wieder abrufen zu können. Woher diese Ankertechnik stammt und warum sie so effektiv ist, wirst du in diesem Kapitel später noch genau erfahren. Die Kombination aus Gefühle erleben, Gefühle abspeichern und Gefühle gezielt abrufen ist also Mind Branding. Aber wie funktioniert es nun genau?

## Ein Anker für unsere Visionen

Jeder Mensch hat Anker. Anker sind Reize, die in unserem Gehirn mit bestimmten Erinnerungen verknüpft sind. Werden sie ausgelöst, erzeugen sie in uns wie auf Knopfdruck gewisse Gedanken, Bilder, Gefühle und Sinneseindrücke. Diese Verbindungen haben sich im Laufe unseres Lebens entwickelt und sind individuell verschieden.

Ich arbeite in meinen Shows seit vielen Jahren mit Ankertechniken und hatte dabei immer eine Vision. Wäre es nicht unglaublich, wenn wir alle unsere Anker selbst steuern könnten? Es gibt so wunderbare Anker, die uns plötzlich an fast vergessene Momente von früher erinnern. Wäre es nicht toll, wenn wir nicht auf einen zufälligen Moment des Glückes warten müssten, um sie wieder zu erleben? Wäre es nicht großartig, die eigene Laune selbst wie auf Knopfdruck verbessern zu können?

Ich habe in meinem mentalen Arbeiten eine Methode entdeckt, mit der genau das möglich ist. Und in diesem Kapitel möchte ich dir zeigen, wie du sie für die Erreichung deiner Ziele einsetzen kannst. Sie wird es dir ermöglichen, das Verlangen aus deinem bereits erlebten Zukunftstraum zu verinnerlichen und immer präsent zu halten. Denn mit ihrer Hilfe kann es dir gelingen, dieses Gefühl mit einem Anker zu verbinden, sodass es bei jedem Auslösen dieses Reizes automatisch erzeugt wird – ganz ohne Aufwand, ganz ohne langen Imaginationsprozess. Auf diese Weise kannst du dein großes Verlangen schnell und zu jeder Zeit wieder zurück ins Bewusstsein holen – wann immer du willst und wann immer dein innerer Antrieb nachlässt.

Das heißt, du musst dich dazu nicht mehr allen Phasen des Horeth-Prinzips hingeben, um zu spüren, wie sehr du dein Ziel erreichen willst und wie toll es in der Zukunft sein könnte. Um dieses wunderschöne Gefühl jeden Tag spüren zu können, musst du dich nicht mehr in Entspannung versetzen und Imaginationen durchführen. Wenn du Mind Branding trainierst, dann funktioniert das in nur wenigen Sekunden.

Immer, wenn du keine Kraft mehr hast, immer, wenn dich negative Gedanken beherrschen, wenn du an deinem Ziel zu zweifeln beginnst, wenn dir die Motivation fehlt, dann setzt du deinen Anker. Dadurch wird jegliches Negative in dir verschwinden und sich in dein Glücksgefühl der Zukunft verwandeln. Mit Mind Branding ist es dir also möglich, selbst deine Gedanken zu steuern und in die richtige Richtung zu lenken.

**TIPP**

Es klingt wie Magie, aber es ist Realität. Um das alles genau zu verstehen und vor allem diesen speziellen Anker, den ich »Punkt X« nenne, in dir genau zu programmieren, studiere dieses Kapitel gut, denn es kann dein Leben komplett verändern!

### Der Punkt X im Mind Branding

Welcher Anker könnte das nun sein, mit dem so etwas gelingen kann? Wie kann man sich das konkret vorstellen?

Mögliche Anker lassen sich grundsätzlich in allen Sinnesbereichen finden. Zum Beispiel kann ein bestimmter Geschmack oder auch ein Foto als Gedankenstütze dienen. Ebenso können wir Musikstücke, Geräusche oder Wörter mit einem speziellen Erlebnis verbinden. Auch Düfte sind möglich. In meiner Geschichte wurde, wie du weißt, ja ein Parfum zum Anker. Es hat mir erlaubt, mich immer wieder an die positiven Erlebnisse meiner Kreuzfahrten zu erinnern. In diesem Buch möchte ich dir jedoch eine andere Art zu ankern ans Herz legen, da ich sie für das Horeth-Prinzip am geeignetsten empfinde. Und zwar empfehle ich dir, die Gefühle aus deinem Zukunftstraum mit einer speziellen Geste zu fixieren. Ich nenne dies den Punkt X berühren. Zum Beispiel indem du dir bewusst auf die Nasenspitze tippst oder dich an einer speziellen Stelle deiner Hand fest kneifst. Derartige Berührungsanker haben im Vergleich zu anderen Arten den Vorteil, dass du sie selbst jederzeit und überall anwenden kannst. Du benötigst weder ein Hilfsmittel dazu, noch musst du alleine oder an einem ruhigen Ort sein. Zudem ist das Ankern mit Gesten am einfachsten lernbar. Welchen Punkt X ich dir besonders empfehlen kann, wirst du später in der Mind-Branding-Technikübung genau erfahren.

## Bewusstes und unbewusstes Ankersetzen

Jeder von uns kennt ein bestimmtes Lied, das ihn an ein einzigartiges Erlebnis, eine besondere Zeit erinnert. Man hört es und plötzlich ist das Gefühl von damals wieder da. Auch ein Geruch, ein Geschmack kann so etwas bewirken. Du riechst zum Beispiel den Duft von frischem Apfelkuchen und mit einem Schlag fühlst du dich wieder in deine Kindheit zurückversetzt. Du siehst dich in der Küche deiner Oma und erinnerst dich, wie du ihr beim Backen geholfen hast und mit deinen Fingern heimlich vom Teig genascht hast. Du spürst, wie wohlig warm es dort war und wie geborgen du dich gefühlt hast – all das fällt dir plötzlich wieder ein, obwohl es nun schon Jahre zurückliegt, einzig und allein ausgelöst durch einen Duft, der ohne dein Wissen dieses Erlebnis in dir verankert hat.

Anker wie diese haben sich im Lauf unseres Lebens unbewusst in uns entwickelt und gefestigt. Auslöser dafür waren meist besonders emotionale Momente. Auch die mehrmalige Wiederholung von Reizen spielt dafür eine Rolle.

### ÜBUNG

Bestimmt hast auch du einige Anker, die ohne dein Wissen besondere Erlebnisse in dir fixiert haben. Führe sie nun der Reihe nach aus und notiere die Gedanken, Gefühle und Erinnerungen, die du mit ihnen verbindest, in den Zeilen darunter. Lasse dich ein auf einen kleinen Ausflug in deine Vergangenheit!

**1. Musik:**
Hast du noch CDs, Kassetten oder Platten aus deiner Jugend? Such einmal danach, besonders nach jenen, die du schon lange nicht mehr gehört hast, und lege sie ein. Hast du eine bestimmte Situation vor Augen?

**2. Bücher:**
Lass uns noch etwas weiter zurückgehen – in deine Kindheit. Ich möchte, dass du dich nun nach deinen Lieblingsbüchern von damals umsiehst. Wähle eines aus, blättere darin und lies ein paar Seiten. Welche Erinnerungen kommen dir in den Sinn?

______________________________________________

**3. Gewürze:**
Nun geh bitte zu deinem Küchenschrank und rieche an Zimt und Nelken. Was fällt dir dazu ein?

______________________________________________

**4. Fotos:**
Hast du noch Bilder von deiner ersten großen Liebe? Oder von einem ganz besonderen Urlaub, der schon lange her ist? Sieh dir diese Bilder wieder einmal an und beobachte deine Emotionen.

______________________________________________

Na, wie ist es dir ergangen? Konntest du Gefühle spüren? Hast du dich auch an Dinge erinnert, die schon fast vergessen waren? Bestimmt ist dir mehr eingefallen als du erwartet hast! Das unbewusste Verankern geschieht nämlich eigentlich sogar laufend auf unterschiedlichste Art und Weise, allerdings natürlich nicht immer gleich intensiv.

Beim Mind Branding wirst du nun lernen, *bewusst* bestimmte Emotionen mit einem Anker zu verknüpfen, und zwar so, dass du diese in der Folge immer, wenn dir danach ist, klar und deutlich spüren wirst. Dieses Können wird es dir somit auch möglich machen, die Emotionen deines Zukunftstraums in Momenten abzurufen, in denen du einen besonderen Motivationsschub benötigst oder auf dem Weg bist, dein Ziel wieder einmal aus den Augen zu verlieren.

# AUSWIRKUNGEN DES MIND BRANDINGS

Die Auswirkungen des Mind Brandings auf unser Leben sind vielfältig und können uns richtig guttun. Mir hilft Mind Branding immer in Momenten, in denen ich schnell die Kraft bekommen will, Pläne durchzuziehen. Nehmen wir die Vision dieses Buches, während ich alle diese Seiten schreibe, liegt ein Vertrag vor mir am Schreibtisch. Der Vertrag zwischen dem Verlag und mir zu diesem Buch liegt schon seit ich an diesem Buch schreibe auf meinem Tisch. Darin steht zum Beispiel, wie viele Seiten es werden sollen, welche Rechte vergeben werden, wie das Buch heißt und viele weitere Rahmenbedingungen den Verkauf betreffend. Jedes Mal, wenn ich unkonzentriert bin oder meine Gedanken abgelenkt sind, blicke ich auf diesen Vertrag und sehe das Buch schon vor mir. Ich sehe es im Buchhandel stehen, ich sehe es auf der Bestsellerliste aufgeführt und ich sehe dich mit diesem Buch in der Hand jetzt auf einem gemütlichen Sessel sitzen. Diese Vorstellung macht mich glücklich und treibt mich an, immer weiter zu schreiben und alles andere hintanzustellen.

Was es in dir bewirken kann, wenn du durch die Technik des Mind Brandings deine Glücksgefühle immer wieder aktivierst, möchte ich dir im Folgenden kurz beschreiben.

### Mind Branding verleiht Motivation und Durchhaltevermögen

Mind Branding macht es möglich, dass wir den starken inneren Antrieb, der von unseren Zielen ausgeht, immer und zu jeder Zeit spüren können. Auf diese Weise können wir unsere Motivation auch auf lange Sicht aufrechterhalten. Insbesondere in Krisensituationen zeigt Mind Branding seine Wirkung. Viele Vorhaben wie etwa mit dem Rauchen aufzuhören, mehr Sport zu betreiben oder Gewicht abzunehmen scheitern oft an schwachen Momenten. Sobald eine unangenehme Situation auftritt, werden plötzlich alle guten Vorsätze über Bord geworfen. Ohne nachzudenken geben wir dann nach und fallen zurück in die negativen Verhaltensmuster. Mind Branding kann uns jedoch die nötige Kraft geben, in diesen Momenten sehr wirksam gegenzusteuern. Rationale Argumente, die unseren Verstand ansprechen, haben in diesen Situationen keine Chance mehr, wohl aber die starken Gefühle, die wir mit unserem Zukunftstraum verbinden. Nur durch eine simple Berührung lassen sie sich in Krisensituationen reaktivieren und verleihen uns so das nötige Durchhaltevermögen – also genau das, woran es in den meisten Fällen scheitert.

## Mind Branding lässt uns zielgerichtet an uns selbst arbeiten

Der beständige innere Antrieb, den uns Mind Branding verleiht, zeigt sich aber nicht nur auf mentaler Ebene. Denn die laufende Fokussierung auf unsere Vision bringt uns dazu, dass wir uns ebenso um die Entwicklung notwendiger Fähigkeiten bemühen. Warum? Durch die laufende Zielorientierung richtet sich unsere Aufmerksamkeit automatisch auch auf unser Tun. Dadurch erkennen wir, an welchen Stärken und Qualifikationen es uns noch mangelt, und gehen motiviert dazu über, diese zu entwickeln.

## Mind Branding vergrößert die Selbstbestimmung

Wie Emotionales Visionieren stärkt auch Mind Branding unsere Selbstbestimmung. Einerseits, da man sich dabei auf die eigenen Bedürfnisse und Ziele konzentriert, andererseits weil uns Mind Branding, wie geschildert, den Umgang mit Süchten und Abhängigkeiten erleichtert. Mit seiner Hilfe können wir ihnen besser begegnen und beginnen sie zu kontrollieren, anstatt sie uns. Dadurch gewinnen wir Freiheit zurück, werden unabhängiger und selbstbestimmter.

### Mind Branding unterstützt Lebensfreude und Wohlbefinden

Beim Mind Branding können wir erreichen, dass das beim Emotionalen Visionieren erlebte Wohlgefühl Einzug in unseren Alltag hält. Durch das regelmäßige Spüren all der positiven Gefühle trägt es daher ähnlich wie das Mind Chilling zu mehr Wohlbefinden, Lebensfreude und Ausgeglichenheit bei. Es lässt uns fröhlich, belastbar sowie voller Energie und Zuversicht durch das Leben gehen.

## DIE KUNST DER SELBSTKONTROLLE

Wie ich dir erzählt habe, ist eine der bedeutendsten Ursachen, warum Menschen ihre Ziele, Träume und Wünsche nicht erreichen, dass es ihnen an Selbstkontrolle, Durchhaltevermögen und Motivation mangelt. Es ist gar nicht so sehr das Können, das fehlt. Viel häufiger liegt das Scheitern an den bereits beschriebenen »schwachen Momenten«, in denen uns der Antrieb fehlt, unsere Ziele weiter zu verfolgen.

Ein gutes Beispiel dafür sind die zutiefst ehrlich und ernst gemeinten, aber zumeist erfolglosen Vorsätze zum Jahresbeginn wie abzunehmen, mit dem Rauchen aufzuhören oder gesünder zu leben.

Meist dauert es nicht lange und du kannst zum Beispiel der Versuchung, einen leckeren Kuchen zu essen, nicht widerstehen. Gemäß dem Motto »einmal ist kein Mal« bist du bald wieder bei der alten Gewohnheit, Süßes bei jeder Gelegenheit zu verschlingen. Der gute Vorsatz von Silvester ist im wahrsten Sinne des Wortes gegessen.

Akute Willensschwäche findest du aber auch während des Jahres in allen Lebensbereichen: Zum Beispiel sitzt du vor dem Fernseher, das Programm ist uninteressant, ja es geht dir sogar auf die Nerven. Gleichzeitig quält dich dein schlechtes Gewissen, weil da eine wichtige Arbeit auf dich wartet, die heute noch unbedingt erledigt werden muss. Aber du kommst vom Sofa nicht hoch.

Oder du hast einige Rückschläge im beruflichen Alltag erlebt und bist deswegen enttäuscht. Du denkst, dass du nicht in der Lage bist, deine Arbeit motiviert fortzusetzen und erfolgreich zu beenden.

Oder jemand hat dich provoziert, und obwohl du dir vorgenommen hast, auf solche Spielchen nicht zu reagieren, kannst du deine Verärgerung nicht zurückhalten.

Oder es gelingt dir bei einer Prüfung nicht, dich auf sie zu konzentrieren, und du beschäftigst dich nur mit der Angst zu versagen und malst dir die schlimmsten Bilder aus.

Ja, solche Situationen kennen wir alle. Sie passieren leider viel zu oft. Wir wissen dabei meistens sogar, wie wir uns besser verhalten könnten um das Gewünschte zu erreichen, aber es fehlt uns in diesen Augenblicken einfach die notwendige Willenskraft.

Mind Branding wird dir dabei helfen, diesen Situationen zu entkommen. Aber bevor ich dir erkläre, wie du das genau anstellst, möchte ich dir gerne erzählen, warum diese »Momente mangelnder Selbstkontrolle« immer wieder zustande kommen. Denn dieses Wissen wird dir dabei helfen, die Rahmenbedingungen für dein Vorhaben noch weiter zu optimieren.

*»Der Wille bestimmt die Bewegung.«*
Oswald Spengler, Historiker

## Das Kraftspeichermodell der Selbstkontrolle

Eine Antwort darauf, wie diese schwachen Momente entstehen, hat der Psychologe Roy Baumeister von der Florida State University gefunden: Er entdeckte, dass die erfolgreiche Ausübung von gewollten Handlungen von der momentanen Verfügbarkeit, einer Art mentaler Willenskraft, abzuhängen scheint. Daraus entwickelte er mithilfe gezielter Experimente das Kraftspeichermodell der Selbstkontrolle.

Das Modell besagt, dass wenn unser Vorrat an Willenskraft durch vorangegangene Willenshandlungen erschöpft ist, die Chancen für das erfolgreiche Ausführen weiterer Handlungen vorübergehend sinken. Eine gelungene Selbstkontrolle wird weniger wahrscheinlich – egal ob es nun darum geht, einer Versuchung zu widerstehen oder die eigene Aufmerksamkeit zu kontrollieren. Denn alle Formen der

Selbstkontrolle schöpfen aus demselben Kraftspeicher. Uns steht also nur ein begrenzter Speicher zur Ausübung von Selbstkontrolle zur Verfügung. Wird der Speicher durch zuvor ausgeübte Selbstkontrolle vorübergehend erschöpft, kann diese Kontrolle danach weniger erfolgreich ausgeübt werden.

Das Kraftspeichermodell der Selbstkontrolle

Je mehr Anforderungen und Aufgaben unsere Willenskraft beanspruchen, desto mehr nimmt unsere Fähigkeit zur Selbstkontrolle ab.

Zur Verdeutlichung dieses Zusammenhangs möchte ich dir kurz ein Experiment schildern:

Man wies in einem Versuch eine Gruppe von Personen an, sechs Minuten lang ihren eigenen Gedankenfluss aufzuschreiben und währenddessen jeden Gedanken an einen »weißen Bären« willentlich zu unterdrücken. Dabei drängte sich den Teilnehmern das Bild des Bären natürlich immer wieder auf. Sie mussten sich ständig selbst kontrollieren, um ihn wieder zu verdrängen. Auch eine zweite Gruppe wurde gebeten, ihren Gedankenfluss niederzuschreiben. Diese wurde jedoch zu keiner Art der Selbstkontrolle aufgefordert.

Im Anschluss wurden alle Versuchspersonen dazu angeleitet, an Problemlösungsaufgaben zu arbeiten, wobei es ihnen erlaubt war, wann immer sie wollten ihre Arbeit zu beenden. Was ihnen jedoch nicht bekannt war: Die Aufgaben waren alle nicht lösbar. Daher dürfte es mit zunehmender Zeit immer frustrierender geworden sein, weiterzumachen. Man kann davon ausgehen, dass es ab einem gewissen Zeitpunkt sogar einer gehörigen Portion Willen bzw. Selbstkontrolle bedurfte, um trotzdem weiter nach der Lösung zu suchen.

Wie erwartet, gaben die Probanden der Gruppe, die zuvor alle Gedanken an einen weißen Bären unterdrückt hatten, schneller auf als die der anderen Gruppe. Was können wir aus diesem Experiment schließen? Die gesteuerte Kontrolle des eigenen Gedankenstroms (»Nicht an einen weißen Bären denken!«) hatte so viel Willenskraft verbraucht, dass nicht mehr ausreichend davon übrig gewesen war, um die Frustration beim Problemlösen zu überwinden.

In den letzten Jahren wurde das Kraftspeichermodell weiter erforscht und man fand heraus, dass sich momentan reduzierte Willenskraft in vielen menschlichen Verhaltensweisen zeigt, die mit mangelnder Selbstkontrolle in Verbindung gebracht werden. Sie kann zu unangemessenem Verhalten im zwischenmenschlichen Miteinander führen. Auch steigt die Wahrscheinlichkeit, den eigenen Rededrang nicht mehr zu beherrschen und aggressiver auf Provokationen zu reagieren. Ebenso übernehmen Essimpulse das Kommando im Körper und beste Ernährungsabsichten können vorübergehend zusammenbrechen oder gar ins Gegenteil kippen. Dasselbe gilt für das Konsumverhalten von Alkohol.

## Geheimnis der Selbstkontrolle

Wissenschaftler empfehlen daher, dass man nicht zu viele gute Absichten gleichzeitig umsetzen sollte. Diese erhöhten Anforderungen an die Willenskraft würden diese überbeanspruchen und dabei die

Anzahl ihrer Erschöpfungsmomente erhöhen. Das lässt die Wahrscheinlichkeit sinken, überhaupt eine positive Veränderung bewirken zu können.

Wenn du dich also zukünftig gesünder ernähren willst, konzentriere am besten deine ganze Willenskraft auf dieses eine Vorhaben und nicht noch zusätzlich auf Nikotinentzug und Gemüseanbau. Das gibt deiner neuen gesunden Ernährungsweise eine Chance, zur Routine und Gewohnheit zu werden. Ab dann sind die Anforderungen an deine Willenskraft nicht mehr so hoch, die Schwächemomente werden immer weniger. Frühestens ab diesem Zeitpunkt kannst du mit einem neuen Vorhaben beginnen, weil dir jetzt dazu auch wieder ausreichend Kraft zur Verfügung steht.

### Wege zur Stärkung der Willenskraft

Da Willenskraft große Bedeutung für unser sinnvolles Verhalten hat, haben sich Forscher natürlich auch damit beschäftigt, wie man die Erschöpfung der Willenskraft vermeiden bzw. erschöpfte Willenskraft wieder herstellen kann.

Durch Trainingsstudien hat man herausgefunden, dass häufig und regelmäßig, aber wohl dosiert angewandte Selbstkontrolle den Willenskraftspeicher weniger anfällig für Erschöpfung macht. Das bedeutet, wir erreichen damit eine größere Ausdauer beim Selbstkontrollieren.

Das lässt sich am Beispiel eines Muskeltrainings sehr gut veranschaulichen. Ein untrainierter Muskel verliert bei Anstrengungen schnell die Kraft und erschöpft. Wird er jedoch regelmäßig beansprucht, passt er sich nach und nach den Anforderungen an und wird immer leistungsfähiger. Genauso verhält es sich mit unserer Fähigkeit zur Selbstkontrolle. Sie gewinnt, wie der Muskel, an Leistungsvermögen, wenn wir sie regelmäßig trainieren. Das spricht für eine selbstdisziplinierte Lebensweise.

Aber auch wenn der Willenskraftspeicher einmal ganz und gar erschöpft sein sollte, gibt es ein Rezept um ihn wieder aufzufüllen:

Entspannung und Erholung. Schon drei Minuten aktive Entspannung genügen, um kurz zuvor erschöpfte Willenskraft wieder aufzufrischen. Das spricht für den Einsatz kurzer, gezielter Entspannungsübungen, insbesondere in Lebensphasen, die durch vermehrte Willensanstrengungen gekennzeichnet sind (z. B. bei einer Umstellung der Ernährungsweise).

## DIE PSYCHOLOGIE DES ANKERNS

Ein psychischer Anker tut grundsätzlich nichts anderes als ein Schiffsanker! Er hält uns für eine gewisse Zeit fest und fokussiert uns somit auf einem ganz bestimmten, sicheren Punkt.

Wissenschaftler entdeckten das Ankern, indem sie Psychotherapeuten bei ihrer Arbeit zusahen. Dabei beobachteten sie, dass diese durch Worte, Gesten, Geräusche und Berührungen während ihrer Sitzungen mit Klienten Heilswege ankerten. Ein Therapeut nutzte zum Beispiel gezielt und systematisch Stühle als Anker, um es den Klienten zu erleichtern, andere Perspektiven einzunehmen. Ein anderer veränderte jedes Mal seine Stimme, um den Beginn eines Veränderungsprozesses einzuleiten.

Das Grundprinzip, das hier verwendet wurde, und zwar einen Reiz gezielt mit einer bestimmten Reaktion zu verbinden, war allerdings nicht neu. Es wurde bereits von dem russischen Wissenschaftler Iwan P. Pawlow unter dem Namen »Klassische Konditionierung« bekannt gemacht.

### Klassische Konditionierung als Ursprung des Ankerns

Damit du dir nun ein besseres Bild davon machen kannst wie und warum ankern funktioniert, möchte ich dir dieses Prinzip kurz erklären.

Als Konditionierung wird in der Psychologie grundsätzlich das Erlernen von Reiz-Reaktions-Mustern verstanden. Man versucht also durch einen gewissen Reiz bei einem Lebewesen eine bestimmte Reaktion hervorzurufen. Dabei unterscheidet man zwei Arten – die Klassische und die Instrumentelle Konditionierung. Für unsere Zwecke ist vor allem die erste interessant, weshalb ich hier nur auf diese Art eingehe.

Iwan P. Pawlow entdeckte die Klassische Konditionierung als er Experimente zum Verdauungsverhalten von Hunden durchführte.

Du hast sicherlich schon in der Schule vom Pawlow'schen Hund gehört. Dabei ließ er über eine gewisse Zeitspanne hinweg unmittelbar vor jeder Futtervergabe eine Glocke läuten. Nach einer Weile beobachtete er dann, dass allein dieses Läuten der Glocke bei den Hunden eine vermehrte Speichelbildung auslöste. Die Hunde hatten gelernt, es als Hinweis für eine bevorstehende Fütterung zu deuten. Pawlow war es also gelungen, eine »angeborene Reaktion« (Erhöhung des Speichelflusses) durch eine wiederholte zeitnahe Darbietung von einem tatsächlichen, also »unkonditionierten Reiz« (Fütterung) auf einen »neutralen Reiz« (Läuten der Glocke) zu übertragen.

Im Laufe der Zeit fand man heraus, dass sich dieses Lernprinzip für die unterschiedlichsten Bereiche anwenden lässt. Auch gelerntes Verhalten wie etwa das »Handvorhalten« beim Gähnen würde sich so nach einer Weile auf einen neutralen Reiz, also einen der üblicherweise nichts mit diesem Verhalten zu tun hat, übertragen lassen. Die einzigen Voraussetzungen für den Lernerfolg sind das räumlich und zeitlich nahe Zusammentreffen beider Reize und die mehrfache Wiederholung dieses Vorgangs.

Hier noch ein Experiment als Beispiel:

Babys lernen auch im Schlaf. Einer Versuchsgruppe mit ein bis zwei Tage alten Säuglingen wurde im Schlaf ein Ton vorgespielt. Im Anschluss daran erhielten sie einen Lufthauch auf ein Augenlid. Der Lufthauch reizte die Säuglinge zum Zwinkern. Nach mehrmaligem Wiederholen dieser Vorgänge zwinkerten die Babys bereits beim Hören des Tons. Sie hatten gelernt, dass auf den Ton ein Lufthauch folgt und waren in der Lage, einen Zusammenhang zwischen den beiden verschiedenen Ereignissen herzustellen. Die Säuglinge der Kontrollgruppe, die nur zufällig Ton und Lufthauch ausgesetzt wurden, reagierten hingegen nicht mit vorzeitigem Zwinkern. Messungen der Gehirnaktivität ergaben darüber hinaus, dass die Säuglinge der Versuchsgruppe das neu Gelernte gegen Ende des Trainings auch im Gedächtnis festhielten.

## Emotionale Konditionierung

Werden im Rahmen einer Konditionierung »gefühlsmäßige Reaktionen« gelernt, dann spricht man von »Emotionaler Konditionierung« – also wenn zum Beispiel die Hunde in Pawlows Experiment plötzlich bei jedem Glockenläuten freudig und aufgeregt mit dem Schwanz gewedelt hätten.

Die Emotionale Konditionierung ist für uns von besonderer Bedeutung, denn das Ankern, so wie wir es praktizieren werden, ist mit dieser Methode eng verwandt. Auch unser Ziel ist es ja, einen neutralen Reiz mit einer emotionalen Reaktion zu verbinden – genauer die Berührung des Punktes X mit den Gefühlen aus unserem Zukunftstraum.

Das absolut Erfreuliche ist: Die Emotionale Konditionierung ist noch viel leichter durchführbar als die herkömmliche Variante. Während es üblicherweise unzähliger Wiederholungen bedarf, um einen Reiz an eine Reaktion zu binden, genügt bei der Emotionalen Konditionierung in manchen Fällen sogar nur eine einzige Verbindungsaktion. Dabei gilt: Je emotionaler der Moment ist, desto weniger Wiederholungen sind nötig. Bei manchen Menschen, die einmal einen schlimmen Autounfall erlebt haben, hat sich etwa der Geruch »verbrannter Reifen« so stark in ihr Gehirn eingebrannt, dass auch nach langer Zeit ein nur ähnlicher Geruch sofort diese schrecklichen Erinnerungen wieder hochkommen lässt. Derartige Konditionierungen können nur sehr schwer wieder gelöscht werden. Aber natürlich ist so etwas auch mit positiven Emotionen möglich, und das nicht weniger erfolgreich.

Auch Werbung und Marketing machen sich die Methode heutzutage vielfach zunutze. Da sich die Produkte immer weniger unterscheiden lassen, versucht man sie mit Emotionen aufzuladen. Marke und

Produkt werden zu diesem Zweck in der Werbung wiederholt mit emotionalen Reizen gekoppelt. Nach einer Weile verbinden wir, die Konsumenten, mit dem ursprünglich neutralen Markennamen bestimmte Gefühle.

Hier spricht man, im Gegensatz zur informativen Werbung, die den Kunden durch Sachargumente überzeugen will, von emotionaler Werbung. Weil sie beim Kunden auf indirektem Wege mithilfe emotionaler Appelle positive Gefühle zu einem entsprechenden Produkt erzeugen will.

Solche »Werbesignale« können auf verschiedenste Emotionen ausgerichtet sein wie zum Beispiel auf Erotik, Abenteuer, Freiheit, Natur oder aber auch auf Gemütlichkeit, Sportlichkeit, Jugendlichkeit, Geborgenheit und Tradition. Das Besondere ist, die Emotionale Konditionierung in der Werbung funktioniert unabhängig davon, ob zwischen Produkt und Gefühl eine logische Verbindung besteht oder nicht. Ein tolles Beispiel dafür sind die Werbespots von Coca Cola zur Weihnachtszeit. Der Song »Wonderful Dream« und die Bilder des beleuchteten Coca-Cola-Trucks, der durch die Nacht fährt, lösen vor allem bei vielen jungen Menschen fast schon mehr Weihnachtsstim-

(Foto: Coca-Cola AG)

mung aus als traditionelle Weihnachtslieder. Man freut sich geradezu, wenn diese Werbung läuft. Coca Cola und Weihnachten scheinen ausgesprochen gut zusammenzupassen! Aber ist das wirklich so? Nein, diese Verbindung haben wir gelernt. Denn wenn wir genauer hinsehen, entdecken wir, dass Coca Cola als kühles Erfrischungsgetränk mit Wintertagen und Weihnachten eigentlich sehr wenig zu tun hat.

Ebenso bemerkenswert ist im Übrigen, dass für eine erfolgreiche Emotionale Konditionierung, sofern der emotionale Reiz anspricht, keinerlei besondere gedankliche Aufmerksamkeit nötig ist.

## Ankern im Alltag

Kommen wir aber nun wieder zum Ankern selbst zurück. Wir hatten eingangs im Rahmen einer Übung festgestellt, dass wir alle das ein oder andere Anker-Erlebnis haben. Ich habe in diesem Zusammenhang auch beiläufig erwähnt, dass wir eigentlich sogar laufend Erlebnisse mit bestimmten Reizen verbinden.

Nun scheint das Ankern sogar so »alltäglich« zu sein, dass die Wissenschaftler Bandler und Grinder eine Parallele zu Paul Watzlawicks Satz »Man kann nicht nicht kommunizieren« feststellten. Denn man könne auch nicht nicht ankern, so meinten sie!

Um dein Bewusstsein für deine eigenen Anker und deren Einfluss auf dein Leben zu schärfen, möchte ich dir einige der unzähligen Beispiele des Ankerns in unserem Alltag zeigen. Denn ohne unser Wissen verbindet unser Unterbewusstsein regelmäßig gewisse Reize mit bestimmten Gefühlen. Diese werden mithilfe unserer fünf Sinne gespeichert und so finden wir sie auch in allen Sinnessystemen wieder. Hier einige Beispiele für unbewusste Anker in unserem Alltag:

- **Visueller Anker:** Sehen wir ein Bild eines Klassenzimmers, löst es Erinnerungen an unsere Schulzeit aus.
- **Auditiver Anker:** Ein Lied im Radio lässt uns an unsere erste Liebe denken.

- **Olfaktorischer Anker:** Der Geruch von Sonnencreme lässt Sommergefühle im Freibad wieder aufleben.
- **Gustatorischer Anker:** Der Geschmack von Zimtsternen führt uns zurück zu den Weihnachtsgefühlen unserer Kindheit.
- **Visuell-kinästhetischer Anker:** Wir greifen nach einem bestimmten Kleidungsstück, das wir in schwierigen Situationen getragen haben, die wir aber erfolgreich abgeschlossen haben.
- **Kinästhetischer Anker:** Eine bestimmte Berührung, die Erinnerungen an eine vergangene Beziehung auslöst

*»Alle Dinge sind miteinander verbunden.«*
Seattle, Indianerhäuptling

Durch das Ankern können allerdings wie gesagt nicht nur positive, sondern auch negative Gefühle ausgelöst werden. Da wird dir jemand vorgestellt, du hörst seinen Namen und das löst unangenehme Gefühle aus, weil derselbe Name zu einer Person aus deiner Vergangenheit gehört, die dir nicht wohlgesonnen war.

Doch obwohl uns die Anwendung des Ankermechanismus in der Regel nicht bewusst ist, ankern wir interessanterweise gelegentlich auch im Alltag sehr zielgerichtet. Das heißt, wenngleich wir auch nicht wissen, dass wir diese Technik anwenden, so schaffen wir uns dennoch zu vielen Anlässen Anker, um bewusst bestimmte Erlebnisse zu erinnern und zu festigen. Beispielsweise wenn wir:

- schöne und berührende Momente mit Foto und Film festhalten
- Feste wie Geburtstage und Weihnachten feiern
- zur Kirche gehen und beten
- zu bestimmten Anlässen die dazu passende Kleidung in einer bestimmten Farbe auswählen
- traditionell leben (Trachtenvereine, Schützenverein, Gesangsverein ...)
- Ereignisse ritualisieren (Kind vorlesen vor dem Schlafengehen, gemeinsam kochen, Kegelabend, Theaterabo, Bridge-Club ...)
- unsere eigene Musik finden und lieben

- sprechen; die Wahl unserer Worte (Sprache ist übrigens der allgemeinste und wirkungsvollste Anker, den wir besitzen)

Du siehst, eigentlich ist alles, worauf wir reagieren, ein Anker für Reaktionen. Daher ist das Ankern auch ein lebenswichtiger Bestandteil menschlicher Orientierung – und so können wir einfach nicht nicht ankern. Anker schaffen innere Landkarten in unserem Kopf, indem sie äußere Reize mit inneren Reaktionen neurologisch verknüpfen.

### Ankern im Mind Branding

Da du nun die Geschichte des Ankerns sowie das dahinterstehende System kennengelernt und ein Gefühl für die unterschiedlichen Ankerarten im Alltag bekommen hast, bist du nun bereit, die Mind-Branding-Technik zu erlernen.

Im Mind Branding hat sich das kinästhetische Ankern, also das Berühren eines bestimmten Punktes, des Punktes X, als am besten geeignet erwiesen. Denn es ermöglicht dem Lernenden, auch beim Selbstankern die sieben Kriterien einer guten Ankertechnik systematisch im Auge zu behalten. Bevor wir also jetzt gleich mit der Technik beginnen, präge dir folgende goldene Anker-Regeln gut ein:

- Nur reines, positives Erleben, d. h. ungemischte Gefühle ankern
- Der Anker sollte an einer neutralen Stelle gesetzt werden, wo noch kein Gefühl vorhanden ist
- Der Anker sollte angenehm sein. Daher ist die Wahl der Berührung von Bedeutung (fest oder sanft)
- Der Anker sollte reproduzierbar sein. D. h. um dasselbe Gefühl wie beim erstmaligen Ankern wieder zu erreichen, muss es möglich sein, an derselben Stelle immer wieder eine Berührung mit dem gleichen Druck zu erzeugen.

# MIND BRANDING – DIE TECHNIK

Das Ziel der Mind-Branding-Technik ist es, eine Verankerung deines Gefühls aus dem Emotionalen Visionieren zu finden und daraus für deinen Alltag ein Ritual zu entwickeln. Dadurch bist du in der Lage, dieses Gefühl jederzeit abzurufen und dich immer, wenn du willst, selbst an das zu erinnern, was dir wichtig ist.

Bis jetzt hast du gelernt, wie du dich selbst in einen tiefen, tranceartigen Entspannungszustand bringen kannst. Auch habe ich dir gezeigt, wie du deine innere Vision erleben und spüren kannst.

Lass uns jetzt den nächsten Schritt gehen, denn von nun an soll dich dieses Erlebnis rund um deine Vision ständig begleiten. Dazu musst du es in dir selbst fixieren und mit einer Berührung verbinden. Ich verwende wie gesagt in meinem Prinzip hauptsächlich kinästhetische Anker, da sie am unkompliziertesten gefestigt und am unauffälligsten abgerufen werden können. In den nächsten vier Phasen wirst du deshalb gleich lernen, selbst deinen persönlichen Berührungsanker zu setzen.

**TIPP**

Wie präzise und stark du deinen Anker fixieren kannst, entscheiden die nächsten Phasen. Je intensiver du sie durchlebst, desto wirkungsvoller wird sich dein Anker entwickeln!

## PHASE 1 – ANKER DEFINIEREN

Unser erster Schritt ist es nun, deinen Anker auszuwählen. Er muss aus einem klar bestimmten Reiz bestehen. Ich würde dir empfehlen, die Körperstelle beziehungsweise Hautfalte zwischen Daumen und Zeigefinger zu deiner magischen Stelle werden zu lassen (siehe Foto). Ich habe mit dieser Stelle bisher immer sehr gute Erfahrungen gemacht und werde sie im Folgenden als Punkt X bezeichnen.

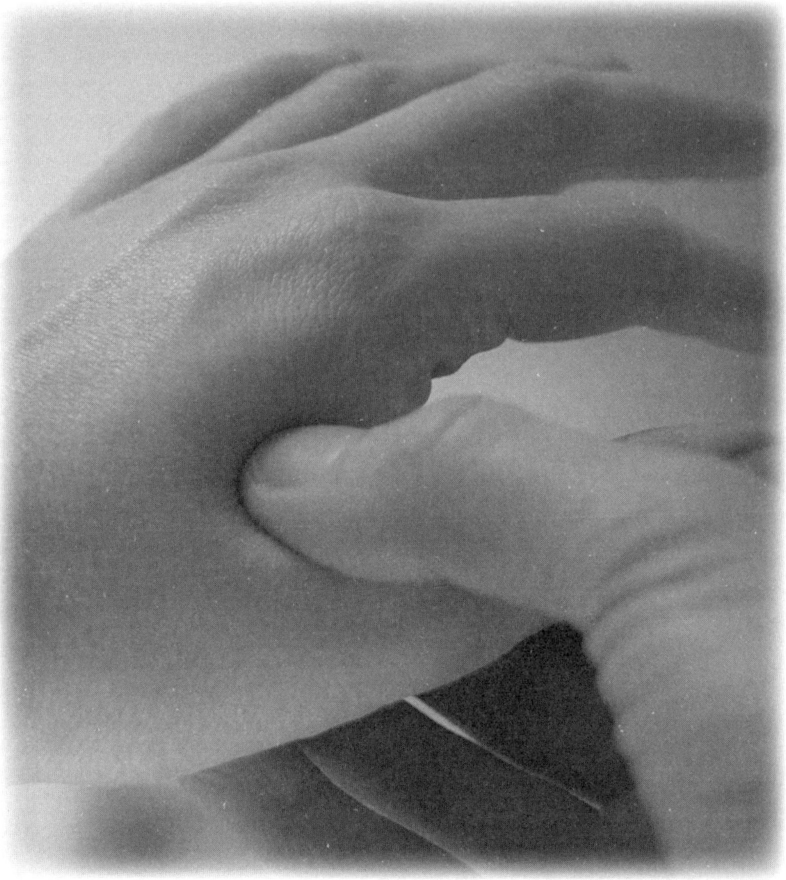

### TIPP

Falls der Punkt X zwischen deinem Daumen und Zeigefinger ein Punkt ist, den du aus welchen Gründen auch immer nicht verwenden willst oder kannst, dann finde an deinem Arm oder auf deiner Hand eine andere Stelle, die du normalerweise nicht berührst oder kneifst. Du kannst aber auch ein Zwicken ins Ohrläppchen oder eine andere seltene Bewegung verankern. Wichtig ist wirklich nur, dass du in deinen Alltagsbewegungen diesen Punkt X nicht berührst.

Folgende Wirkung soll dein Punkt X in Zukunft bei dir hervorrufen: Jedes Mal, wenn du diese Stelle berührst und dich dort fest kneifst, wird das Glücksgefühl in dir hochkommen, das du beim Emotionalen Visionieren erlebt hast. Dieses Verlangen wird in dir von einer Sekunde auf die andere auftreten und es wird dich jedes Mal an dein Ziel und deine Vision erinnern und dir die nötige Motivation geben, dafür zu arbeiten.

Untersuchungen haben im Übrigen ergeben, dass die besten Anker diejenigen sind, die verschiedene Arten von Sinneserfahrung miteinander kombinieren, also Berührungen, Bilder und Gefühle. Genau dies praktizieren wir hier.

## PHASE 2 – MIND CHILLING

Begib dich bitte nun erneut, wie in den vergangenen Kapiteln beschrieben, in einen angenehmen, tiefen, vollkommen entspannten Zustand. Ziehe dich an einen ungestörten Ort zurück, an dem es dir möglich ist, so lange Mind Chilling zu betreiben, bis du vollkommen entspannt und, ich nenne es mal, »gedankenleer« bist. Bei dir sollte nur dein wunderschönes Gefühl, die Erinnerungen an deinen Ort aus der Vergangenheit, sein. Abgesehen davon kreisen keine Gedanken mehr in dir herum. Wenn du so weit bist, dann kehre in deiner Vorstellung zurück in den weißen Raum. Er wird dich dabei unterstützen, diesen Zustand weiter zu intensivieren.

## PHASE 3 – EMOTIONALES VISIONIEREN

In deinem weißen Raum erlebst du nun denselben Vorgang wie beim Emotionalen Visionieren: Du stehst vor der weißen Tür in deine Zukunft, schreibst deine Vision oder dein Ziel auf das an ihr befestigte Schild und öffnest sie. Voller Vorfreude und Sehnsucht, diesen Moment endlich wieder erleben zu dürfen, schwebst du durch sie hindurch und findest dich plötzlich in deinen Träumen angekommen. Du bist jetzt wieder bei dem Augenblick, in dem deine Vision Wirklichkeit wird. Du erinnerst dich, dass du im Emotionalen Visionieren bereits hier warst.

In Ruhe und nicht minder neugierig als bei deinem ersten Besuch siehst du dich nun wieder um, wo du genau bist, wer bei dir ist, wie die Umgebung aussieht und vor allem was gerade passiert. Was kannst du riechen, hören, sehen und ertasten?

Du erlebst jetzt diesen Moment aus deinen Visionen ein weiteres Mal in vollen Zügen. Du spürst, wie es ist, dein Ziel erreicht zu haben, und lässt vorbehaltlos alles in deiner Gedankenwelt auf dich wirken. Lasse deinen Glücksgefühlen freien Lauf und genieße sie!

## PHASE 4 – VERANKERUNG

Wenn du nun deine Glücksfühle spürst, wenn du in deinen Gedanken erlebt hast, wie deine Vision Wirklichkeit wird, genau dann beginnst du mit der Verankerung des Punktes X. Berühre und kneife dich in den Bereich zwischen Daumen und Zeigefinger und vollziehe diese Bewegung einige Male.

Während du in deinem entspannten Zustand mit geschlossenen Augen diese Verankerung durchführst, erlebst du deine Glückgefühle immer weiter. Du träumst weiter und versuchst sie sogar noch zu verstärken, indem du an die Auswirkungen deiner wahr gewordenen Vision denkst. Was wird sich durch die Erreichung deiner Ziele für dich positiv verändern? Was wirst du dadurch Wunderbares erleben? Welche weiteren Glückmomente wird das Leben dann für dich bereithalten? Je stärker du das alles durchlebst, desto intensiver kann dein Gefühl werden.

Diese Verankerung sollte einige Minuten dauern. Du berührst währenddessen immerzu den Punkt X. Du kneifst dich an dieser Stelle immer und immer wieder. Nebenbei erlebst du deine Zukunft und gibst dich vollkommen deinen Gefühlen hin. Zusätzlich sagst du dir in deinen Gedanken immer wieder: »Jedes Mal, wenn ich mich an meinem Punkt X fest kneife, werde ich dieses Glücksgefühl spüren. Ich werde das Verlangen erleben, mein Ziel zu erreichen, und ich werde spüren, wie es sich anfühlt, wenn dieser Traum wahr wird. Jedes Mal, wenn ich meinen Punkt X berühre, werde ich dieses Erfolgsgefühl erlangen und es wird von Tag zu Tag intensiver und stärker werden. Ich will meinen Traum erreichen und dieses Gefühl wird mir die Kraft dazu geben. Wann immer und wo immer ich möchte.«

Nimm dir einige Minuten Zeit, um diese Suggestionen zu dir selbst zu sprechen.

## PHASE 4 – DER TEST

Du schwebst nun in deinen Gedanken wieder zurück in deinen weißen Raum, in dem sich deine Gefühle wieder beruhigen und neutral werden. Schau dich nochmal um. Nach einer Weile wirst du dort eine weitere Türe erblicken – diesmal eine schwarze. Hinter ihr steckt ein für dich unangenehmer Moment – ein Moment, der deine Angst, deine Unsicherheit, deine Sucht oder das Problem, das du hast, zeigt. Vielleicht siehst du, wie du aussehen wirst, wenn du weiterhin so viel rauchst oder trinkst. Vielleicht ist es auch ein Moment, in dem du im Flugzeug sitzt und dir übel ist vor Angst. Vielleicht ist ein Blick auf dein Leben in 20 Jahren, in dem deine Kinder sich für dich schämen, weil du mittlerweile 150 Kilo mehr auf den Rippen hast. Vielleicht ist es eine Situation, in der eine Spinne über deine Füße krabbelt und du ungeheuren Ekel erlebst, oder ein Augenblick, in dem du dein Ziel nicht mehr verfolgst und die Leidenschaft für deine Vision nicht mehr spürst.

Du öffnest jetzt diese Tür und gehst ganz vorsichtig in deinen Angstmoment hinein. Nach nur wenigen Schritten wirst du bemerken, wie du dich plötzlich äußerst unwohl fühlst und sich dieses negative Gefühl in deinem ganzen Körper verbreitet. Lass es zu! Sobald dir dieses Gefühl aber zu intensiv wird und du die Situation verlassen willst, kneife dich in den Punkt X. In nur wenigen Sekunden sollte sich dadurch dein negatives Gefühl wieder in dein Glücksgefühl verwandelt haben! Ist es dir gelungen, diesen Test durchzuführen, bist du nun bereit, deinen Anker, den Punkt X, in dein Leben zu integrieren!

Geh mit diesem positiven Gefühl wieder in den weißen Raum zurück und zähle dort mit deiner inneren Stimme von 0 bis 10. Mit jeder Zahl fühlst du dich wacher und dein Körper wird leicht und angenehm munter. Ebenso festigt sich mit jeder Zahl dein Bewusstsein dafür, dass dich dein Punkt X ab jetzt immer und überall hilfreich begleiten kann und wird. Bei 10 öffnest du die Augen und bist wieder vollkommen erholt und frisch.

Auch bei dieser letzten Übung hast du die Möglichkeit, dich selbst in Gedanken durch die Übung führen, eine Tondatei auf dein Handy aufzeichnen oder einen Freund um Hilfe zu bitten. Die MP3-Datei »Mind Branding« für die Übung mit mir ist wie die anderen unter www.manuelhoreth-institut.at zu finden.

## MIND BRANDING ALS 4. ELEMENT IM HORETH-PRINZIP

Das Mind Branding wie du es in diesem Kapitel nun kennengelernt hast, nimmt für mich im Horeth-Prinzip eine Schlüsselfunktion ein. Mind Chilling und Imagination helfen dir als Basistechniken, das Emotionale Visionieren umzusetzen, das wiederum uns nur dann wirklich helfen kann, wenn wir es in unsere Gedanken hineinbrennen und durch Mind Branding verankern.

Mind Branding selbst umfasst also genau genommen zwei Prozesse. Einerseits das Verbinden des positiv erlebten Gefühls mit einem Anker und andererseits das Abrufen dieses Gefühls in Bedarfssituationen.

Wie erkennst du nun diese Bedarfssituationen? Deine Vision, dein Ziel, dein Wunsch, dein Traum werden sehr individuell sein. Nur du selbst trägst die Vision in dir und nur du selbst kannst sie fühlen. Daher kannst im Grunde genommen auch nur du selbst entscheiden, wann du deinen Anker abrufst. Aber verwende ihn jedes Mal, wenn du dich unmotiviert fühlst und einen neuen »Tritt in den Allerwertesten« benötigst, um an deinem Ziel weiterzuarbeiten. Sei es nun in Situationen, in denen du wieder Heißhunger auf Schokolade hast, oder jedes Mal, wenn du dir wieder eine Zigarette anzünden willst. Vielleicht aber auch jedes Mal, wenn du die Angst spürst, die du bekämpfen möchtest. Mind Branding ist also, wie du siehst, ein aktiver Prozess, denn du hast die Steuerung deines Ankers selbst in der Hand. Nur du selbst entscheidest, was dir wann helfen soll und darf!

Es gibt aber auch Anker, die von selbst erscheinen, ohne dein Zutun.

*»Die wahre Macht des Ankerns liegt*
*in der regelmäßigen Wiederholung.«*
Manuel Horeth

Automatisch erscheinende Anker sind im Mind Branding nicht beschrieben, sie können aber ohne Zweifel auch sehr wirkungsvoll sein, da man sich nicht immer selbst an das Auslösen erinnern muss. Für das Horeth-Prinzip sind sie allerdings ungeeignet, da man ohne entsprechendes ausführliches Hintergrundwissen bei sich selbst diese automatischen Anker nur sehr schwer setzen kann. Für Fragen dazu stehen wir dir jedoch sehr gerne zur Verfügung. Am besten per E-Mail: office@manuelhoreth-institut.at

**TIPP**

Du musst deinen Anker immer auf dieselbe Art und Weise auslösen, da er sonst nicht funktioniert! Je mehr du in der Anfangszeit Mind Branding trainierst und deinen Anker einsetzt, desto intensiver kann dein Gefühl sich entwickeln.

# 5. GRENZEN ÜBERSCHREITEN

## AM RANDE DES WAHNSINNS

In diesem Buch habe ich zum ersten Mal meine persönliche Erfolgsmethode beschrieben. Die Methode, die es mir ermöglichte, meine Träume zu verwirklichen, und auch zukünftig mein Geheimnis für den persönlichen Lebenserfolg bleiben wird. Um die Methode beschreiben zu können und zu realisieren, musste ich mehrmals über die Grenzen meiner Vorstellung hinausgehen.

Ich habe lange darüber nachgedacht, wann das wirklich zum ersten Mal passiert ist, denn dies musste gleichzeitig auch der Zeitpunkt gewesen sein, an dem ich begann, meinen Traum Wirklichkeit werden zu lassen. Noch heute erinnere ich mich ganz genau daran, denn als es so weit war, fühlte ich mich am »Rande des Wahnsinns«! Aber wie kam es dazu?

Dezember 2008. Ich hatte ein monatelanges Auswahlverfahren hinter mir, in dem es darum ging, Europas beste Mentalisten für eine TV-Show zu finden. Ich war in der engeren Auswahl, doch die endgültige Entscheidung, wer am besten in die Sendung passte, fiel erst wenige Wochen vor Sendestart. Als ich schließlich erfuhr, dass ich für die Show engagiert war, lag ich mit 40 Grad Fieber und einem grippalen Infekt im Bett. Gefühlt stieg in diesem Moment das Fieber gleich noch um einige Grad weiter an, denn ich spürte, wie ich meinem Ziel immer näher kam. Aber ich konnte es noch gar nicht glauben. Jahrelang hatte ich mich beim Emotionalen Visionieren auf einer TV-Bühne stehen gesehen und jetzt sollte es tatsächlich bald so weit sein? Allerdings waren die Erwartungen und Anforderungen gigantisch und ich wusste nicht, ob ich all den Herausforderungen gewachsen war. Dennoch gab es für mich nur diesen einen Weg – auch auf die Gefahr hin, dass ich mich in den Livesendungen blamieren könnte und nicht gut genug war für einen solchen Wettkampf. Auch auf die Gefahr hin, dass es sein könnte, dass ich beim Fernsehpublikum überhaupt nicht ankam! All das war mir egal, denn dies war die Chance, meine Vision zu verwirklichen! Diese Kraft hatte mich jahrelang getrieben.

Einige Wochen vergingen und dann war es plötzlich so weit. Es war 19.45 Uhr an einem Dienstagabend in Hilversum bei Amsterdam. Ich stand hinter der TV-Kulisse der Fernsehshow »The next Uri Geller« und machte mich auf den Weg in die Maske.

Ein langer Tag voller Proben, Unsicherheiten, Besprechungen, Texte und Gespräche lag hinter mir und mein erster großer Auftritt im Fernsehen stand bevor. Mein Traum, den ich seit meiner Kindheit verfolgte, sollte an diesem Abend Wirklichkeit werden. Immer schon hatte ich mir gewünscht, mit meinem Talent Menschen zu begeistern, und jetzt sollten es Millionen Zuschauer werden, die einschalten und live alles mitverfolgen würden. Ich ging durch das riesige Studio mit den mächtigen, aufwendig beleuchteten Kulissen und zurück in den Backstage-Bereich. Dort setzte ich mich auf den Stuhl in der Maske. Die nette Dame ging sehr behutsam mit meinem Gesicht um. »Wir werden die Augenringe wegschminken und etwas Puder auf das Gesicht geben, damit es nicht so glänzt«, sagte sie in englischer Sprache. Ich fragte sie, ob ich die Augen schließen könne, während sie mich schminkt. So startete ich, ohne es bewusst geplant zu haben, wie ich es schon seit vielen Jahren immer in Extremsituationen machte, mein persönliches Mind Chilling. Ich schloss die Augen und blendete alles um mich herum aus. Ich nützte diesen Moment der Entspannung, um das Herzklopfen, das mich schon den ganzen Tag lang begleitete, zu bekämpfen und um die Nervosität, die in mir steckte, zu reduzieren. Immer wieder tauchte der Gedanke auf, in der Livesendung zu versagen. Hätte ein Experiment nicht funktioniert, wäre es für mich eine große Enttäuschung gewesen – ein herber Rückschlag in meinen langjährigen Studien des Mentalismus und der Magie. Aber mein aufgebautes Verlangen, diese Vision zu erreichen, war um Welten größer. Ich saß in der Maske mit geschlossenen Augen und schickte mich in meinen Gedanken an den Ort meiner tiefsten Entspannung, an den Mondsee in meiner Heimat. Ich stellte mir vor, wie ich am Rücken im Wasser treibe. Innerhalb kurzer Zeit fühlte ich auch schon die Ruhe des Wassers und den leichten Wind in meinem Gesicht.

Dann, langsam, mit jedem Atemzug wurde mein Puls ruhiger. Ich bemerkte, wie sich auch meine innere Anspannung zu lösen begann und das Druckgefühl in Bauch und Brust nach und nach mit jedem Gedanken an den See etwas mehr verschwand.

»Already done!«, sagte die Maskenbildnerin. Ich öffnete die Augen und spürte, wie es mir plötzlich besser ging! Ich blickte mir im Spiegel in die Augen und endlich erkannte ich mich selbst wieder. Nun sah ich dort wieder einen glücklichen und starken Menschen, der Ruhe, Gelassenheit und Sicherheit ausstrahlte.

Als ich zurück in meine Garderobe ging, sah ich mir das Türschild noch einmal an – das Foto kennst du ja bereits. In diesem Augenblick fühlte ich meine Vision in vollen Zügen. Ich zog mir meine Jacke über und schlenderte entspannt zur Technik, um mir das Mikrofon anstecken zu lassen. Meine zuständige Redakteurin Catrin, die immer noch eine sehr liebe Freundin von mir ist, brachte mich hinter die Bühne. Dort sollte ich auf meinen Auftritt warten. Auf dem Weg dorthin sah ich plötzlich die unzähligen Kameras, die vielen Menschen im Publikum und die Hunderten Mitarbeiter hinter den Kulissen mit anderen Augen. Alle waren sie da, damit ich meinen Job erledigen könnte, damit ich Millionen Menschen im Fernsehen faszinieren könnte. Das machte mich schon sehr stolz. Mit diesem Gefühl trat ich hinter die große Videowall. »Eine Minute noch«, sagte Catrin und mein Herz begann wieder intensiver zu schlagen. »Noch 20 Sekunden!« Ich schloss die Augen und durchlebte in Kürze noch einmal die vielen Jahre, in denen ich von diesem Moment geträumt hatte. »Noch 10 Sekunden!« Ich öffnete die Augen und dachte wieder intensiv zurück an den Mondsee. »3, 2, 1!« Plötzlich teilte sich die Wand in zwei Hälften und ich trat durch sie hindurch ins Scheinwerferlicht – ich trat in die Welt des Fernsehens ein! In diesem Moment wurde meine Vision Wirklichkeit und mein Leben veränderte sich in sehr vielen Angelegenheiten.

Ohne zu wissen, was auf mich zukommen würde, ohne zu wissen, ob das alles, was ich im Fernsehen live zeigen wollte, funktionieren würde, ohne zu wissen, ob ich mir mit meinen Auftritten schaden würde – ohne all das zu wissen, ging ich diesen Schritt und überwand meine Grenzen! In diesem Moment befand ich mich geistig und körperlich wahrhaftig am Rande des Wahnsinns, aber der Glaube an mich selbst gab mir ab diesem Moment monatelang so viel Kraft, dass ich es bis ins Finale dieser TV-Show schaffte.

Im Nachhinein begann in diesem Augenblick ein neues Leben – ein Leben in der Öffentlichkeit, ein Leben das von mir jetzt ständig fordert, über meine Grenzen zu gehen, immer Neues zu erfinden und immer Höchstleistungen und Unmögliches zu vollbringen. Aber ich kann dir sagen, das war auch der Schritt, der mich wirklich zum Leben erweckte. Hätte ich ihn nicht getan, dann würde ich heute noch nicht mein eigenes Leben führen.

Das Horeth-Prinzip gab mir die Kraft all das durchzuziehen. Nach dem Mind Chilling, dem Imaginieren, dem Emotionalen Visionieren und dem Mind Branding erfolgte an jenem Tag der letzte Schritt zur Erfüllung meiner Vision – das Grenzen-Überschreiten.

Das Grenzen-Überschreiten stellt also die letzte Stufe meines Prinzips dar. Damit du sie beschreiten kannst, benötigst du jedoch eine besondere Fähigkeit. Es ist der Glaube an dich selbst! Denn wie können wir von uns erwarten, Großes zu leisten, wenn wir andauernd an uns zweifeln, uns ständig kritisieren, uns für unfähig und dumm halten? Wir können nur dann privat und beruflich erfolgreich sein, wenn wir an uns selbst glauben. Deshalb sollten wir uns jeden Tag bewusst machen, dass wir dazu fähig sind, unser Leben selbst zu meistern. Es ist wichtig, dass wir in die eigene Kraft, Probleme zu lösen und Herausforderungen zu begegnen, vertrauen. Dies ist der wichtigste und der allerletzte entscheidende Schritt, um ein erfolgreiches und erfülltes Leben zu führen.

## DER GLAUBE – DAS GEHEIMNIS DES ERFOLGS

Das Wort »Glaube« kommt ursprünglich von begehren, lieb haben, treu sein und sich auf etwas verlassen. Milliarden Menschen auf diesem Planeten glauben an Götter, Sagen, Flüche, Geister, Horoskope und diese Liste könnte noch unendlich weitergehen.

Aber hast du schon einmal zu dir selbst gesagt »Ich glaube an mich«?

Wenn nicht, dann solltest du jetzt damit beginnen, denn nur dein Glaube an dich selbst wird dich verändern können.

Aber was geschieht, wenn wir uns etwas als Ziel vornehmen und nicht sicher wissen, ob wir es auch erreichen können? Es gibt zwei Möglichkeiten: Entweder wir beginnen zu zweifeln oder wir bleiben zuversichtlich und glauben einfach daran, dass es uns gelingen wird. Das heißt wir vertrauen in unsere eigenen Kräfte.

Welche Variante meinst du, ist die bessere? Denkst du, wir können in beiden Fällen das Ziel erreichen?

Ich bin der tiefen Überzeugung, diese Wahl zwischen Zweifel und Glauben ist die alles entscheidende. Denn ich bin davon überzeugt, dass nur diejenigen, die an sich selbst glauben, ihr Ziel erreichen werden. Warum, werde ich dir gerne erklären. Es ist so: Das, was du glaubst, wird von deinem Bewusstsein als echt und wahr angenommen. Aus diesem Grund wird es alles, was du vorhast, auch so gestalten, dass sich dein Glaube verwirklichen lässt. Du fragst dich, warum es das kann? Es ist dazu fähig, weil es davon ausgeht, dass du dein Ziel erreichen kannst! Dadurch ist dein Geist frei und voller Zuversicht. Das heißt, er wird bei Hindernissen immer weiter nach Lösungen suchen, denn er ist überzeugt, dass es irgendwo eine gibt! Auf diese Weise wird er auch über die Grenzen des Offensichtlichen hinausgehen und so irgendwann einen Weg finden.

Zweifelst du jedoch an dir selbst, setzt du dir und deinem Tun unbewusst Grenzen. Denn sobald erste Probleme auftreten und dir nicht bald eine Lösung einfällt, wirst du dazu neigen, aufzugeben, da du ja ohnehin nicht angenommen hast, dein Ziel sicher zu erreichen.

Du solltest dir auch im Klaren sein, dass dein Denken in diesem Zusammenhang eine große Rolle spielt. Denn das, was du glaubst, ist nichts anderes als das, was du denkst. Und der Glaube an sich selbst hat einen klaren Gedanken, und zwar: »Ich schaffe es!« Das heißt zusammenfassend: Achte auch auf deine Gedanken, denn sie sind die Samen deines Glaubens und in weiterer Folge die Samen deines Tuns!

*»Wenn du könntest glauben! Alle Dinge sind möglich dem, der da glaubt. «*

Markus 9,23

Da du dich ja in diesem Buch mit mentalem Training befasst, möchte ich dir nun eine mentale Trainingsmethode anbieten, wie du deinen Glauben an dich selbst trainieren kannst.

**ÜBUNG**

Trainiere dein Denken ganz gezielt mit der Formel: »Ich schaffe es!« Sprich sie immer wieder jeden Tag zu dir selbst. Jedes Mal, wenn du ein Ziel oder eine kleine Herausforderung zu meistern hast, dann sagst du zu dir selbst: »Ich schaffe es!« Wenn deine Zweifel zu groß sind und du es nicht mit Überzeugung sagen kannst, dann überlege dir vorab für einen Moment, wie du es schaffen kannst und was dafür passieren müsste. Hast du eine für dich zufriedenstellende Lösung gefunden, dann sprich deine Parole laut aus! Du trainierst damit den Glauben an deine eigene Kraft.

## Der Glaube an scheinbar Unmögliches

In vielen Situationen kann glauben auch bedeuten, das man das für real und möglich hält, was der eigene Verstand geradezu leugnet. Er hält es aus logischen und analytischen Gründen nicht für möglich, dass dein Vorhaben gelingen kann. Aber in dir steckt dein Herz, das dir dennoch sagt: »Doch, ich schaffe das, ich kann das erreichen.« In diesen Situationen kann der Glaube an dich selbst scheinbar Unmögliches möglich machen! Er kann deine Fantasie in die Wirklichkeit holen und sie real werden lassen. Wenn du an dich selbst glaubst, an deine Fähigkeiten, an dich als Mensch, dann hast du die Macht, über Grenzen zu gehen. Denn der Glaube selbst ist es, der die wahren Wunder bewirkt. Er lässt uns Leistungen vollbringen, die wir uns vorher niemals zugemutet hätten. Glaube an dich, an die Realisierbarkeit deines Traumes und er wird sich verwirklichen!

Die meisten erfolgreichen Menschen, die Visionen umgesetzt haben, glauben an sich selbst und an ihre eigene Kraft.

Unsere Geisteskraft kennt keine Einschränkungen oder Grenzen, nur die wir uns selbst setzen oder von außen aufzwingen lassen.

Regelmäßig höre ich von Menschen, die von schweren Schicksalsschlägen getroffen wurden. Leider verlieren diese Menschen sehr oft regelrecht den Boden unter ihren Füßen und schaffen es nicht, sich mental aus ihrer für sie ausweglos erscheinenden Lage zu befreien. Doch wenn du an dich glaubst, kann auch das gelingen.

Das beste Beispiel dafür ist ein lieber Freund von mir, Thomas Geierspichler. Er hat es geschafft, seinem Leben eine neue Wendung zu geben. Er hatte einen Traum, eine Vision und er hatte vor allem seinen Glauben, den Glauben an sich selbst. Dieser Glaube hat ihn vom querschnittgelähmten Unfallopfer zum erfolgreichen Spitzensportler und Paralympics-Sieger gemacht. Bei den Paralympics 2004 in Athen wurde sein Traum Wirklichkeit. Er gewann Gold und stellte einen paralympischen Rekord auf. Thomas Geierspichler glaubte an sich und gab nie auf, für seinen Traum zu kämpfen.

Ich habe Thomas vor zwei Jahren bei der Aufzeichnung einer Fernsehsendung von »Wir sind Kaiser« im ORF kennengelernt, bei der wir beide zu Gast waren. Er strahlte sofort Offenheit, Ehrlichkeit und Freundlichkeit aus. Jedes Mal, wenn wir uns sehen, bemerkte ich bei Thomas, dass er ein Mensch mit Visionen ist. Er denkt ständig über Neues nach, träumt von seinen Ideen, lebt sie bereits in seinen Gedanken vor und schmiedet Pläne für ihre Verwirklichung. In meinen Augen nützt er ständig seinen Glauben, um über Grenzen hinauszugehen. Für dieses Buch habe ich ihn zu mir in mein Institut zu einem kleinen Gespräch eingeladen, das dir sein Denken zum Glauben an sich selbst näherbringen soll.

**Thomas, wie wichtig ist dir der Glaube an dich selbst?**
*»Der Glaube ist die Verwirklichung dessen, was man hofft, das Überzeugtsein von Dingen, die man nicht sieht. Das, was du glaubst, ist auch deine Vision. Du schießt mit einem Art Haken dorthin, wo du deine Visionen siehst. Dann fixierst du dich mit diesem Haken und einem Seil sozusagen an der Vision. Jetzt hast du dein Ziel definiert, wohin du*

*wirklich möchtest. Der Glaube selbst ist dann das Seil, also der Weg von dir zur Vision. Wenn du dieses Seil, diesen Glauben auslässt, dann kannst du das Ziel nicht erreichen.«*

**Wie ist es dir gelungen, deine Vision zu verwirklichen? Und was war eigentlich deine wahre Vision? War es der Sieg bei den Paralympics oder hast du dich einfach als Spitzensportler gesehen?**

*»Nein, das war ganz anders. Meine echte Vision war: Ich wollte die österreichische Bundeshymne für mich spielen hören. Das war die Vision, und das ist auch der Unterschied. Wenn man den Fokus ausrichtet, jemanden in einem Wettkampf schlagen zu wollen oder besser sein zu wollen, dann fließt negative Energie durch dich hindurch. Die maximale positive Energie kannst du nur freischalten, wenn du bei dir selber bist. Mein Bestreben war, dass ich zu mir selbst komme. Ich wollte niemanden besiegen, ich wollte einfach nur, dass die Bundeshymne für mich gespielt wird.*

*Im Fernsehen habe ich damals den Sturz von Hermann Maier gesehen. Zuvor seinen Siegesblick im Starthaus, dann den Start, dann später eine Rechtskurve und er ist abgehoben und plötzlich der schwere Sturz. In diesem Moment, als er durch die Luft gewirbelt ist und so brutal auf den Boden aufschlug, habe ich mir gedacht, er ist jetzt entweder tot oder querschnittgelähmt. Drei Tage darauf ist er dann Olympiasieger im Super-G geworden. Da hat es mir die Tränen aus den Augen gedrückt und da habe ich gesehen, wie es möglich ist, über Grenzen hinauszugehen.*

*Ich habe mich dann plötzlich gesehen, wie andere mich sehen – ich sitze im Rollstuhl, ich bin behindert, ein fertiger Haberer (Anm.: österreichisch für »Kumpel, Typ«). Danach ist alles in mir rausgekommen, was ich jahrelang durch Kiffen und Saufen vernebelt habe und mir einredete, es passt eh alles. Ich habe meine Situation dann nicht mehr akzeptiert, sondern realisiert. Im Wort realisieren sehe ich die Möglichkeiten, etwas aus einer Situation zu machen. Und dann, wenn du eins mit dir selbst bist, dann musst du glauben. Wenn du dann spürst, was du möchtest, dann musst du es verfolgen und das habe ich getan.*

*Wenn ich eine Vision habe, dann gehe ich so lange, bis ich dort bin. Für mich war immer klar, ich will die Bundeshymne hören, und ich hätte so lange weitertrainiert, bis es so weit gewesen wäre!«*

**Bist du auch der Meinung, dass der Glaube an sich selbst die größte Chance beinhaltet, etwas zu erreichen, das absolut unmöglich scheint?**

*»Ja, zu 100%, für jeden Menschen. Alles, was dich glücklich macht, musst du machen. In deinem Tun spürst du, was du willst, es geht deine Seele und dein Innenleben auf.*

*Interessanterweise glaubt ja jeder Mensch dauernd etwas. Entweder er glaubt, dass er was schaffen kann, oder dass er es nicht kann. Wenn ich die Energie schon fürs Glauben aufwende, dann ist es wohl vernünftiger, daran zu glauben, dass ich es schaffe. Das Leben ist begrenzt, und auch wenn du glaubst, dass du es nicht schaffst, deswegen geht es dir nicht besser. Wenn du deinen Weg gehst, während du an dich glaubst, wirst du glücklicher sein.*

*Ein realistisches Ziel kann dich nicht so erfüllen wie ein unrealistisches Ziel. Grenzen existieren nur, wenn du dran glaubst, dass Grenzen existieren. Ich finde, du kannst mehr Energie freisetzen bei unrealistischen Zielen und entwickelst dadurch mehr Kraft sie zu erreichen als bei realistischen Zielen. Der Glaube an sich selbst funktioniert, wenn du deine Gedanken auf ein Ziel ausrichtest und bereit bist, ohne Rücksicht auf Verluste ins neue, unentdeckte Land vorzudringen.*

*Du kannst dich nur anstoßen, wenn du die Tür hinter dir zumachst.*

*In einem Leben mit dem Glauben an dich selbst bedarf es einer Entscheidung, und die musst du treffen!«*

**Danke, Thomas, für deine offenen Worte und die vielen interessanten und ehrlichen Gespräche, die wir immer wieder führen.**

Seinen wirklich unglaublichen Lebensweg hat Thomas nun auch in seinem Buch »Mit Rückgrat zurück ins Leben« niedergeschrieben. Ein Buch, das für ihn nicht einfach ein Buch ist. Es ist sein Leben, sein

PALFINGER
Schindler
Orange
PALFINGER
Orange
PALFINGER

Schicksal und seine Botschaft an alle Menschen, betonte er immer wieder in gemeinsamen Gesprächen. Es erzählt seine Geschichte, die durch eine Tragödie ihren Anfang nahm und zu einem Sieg führte.

Ich verstehe das Horeth-Prinzip als ein offenes Erfolgssystem aus vielen Erfahrungen und Erlebnissen der letzten Jahre. Die Grundannahmen des Prinzips sind keine verpflichtenden Glaubenssätze, sondern offene Erfahrungswerte. Für mich war einzig und alleine entscheidend, dass mein Prinzip nicht nur mir Erfolg brachte, sondern auch für dich nützlich und Erfolg versprechend sein kann. Wir alle sind in stetiger Entwicklung und Bewegung und ich würde mich für dich freuen, wenn du es schaffst, aus dem Horeth-Prinzip dein eigenes »Dein Nachname«-Prinzip zu machen.

Ich selbst habe bis heute nicht jeden, aber sehr viele meiner Träume verwirklicht und bin dafür über unzählige Grenzen gegangen. Mein Glaube an mich und meine Visionen ist so stark wie die Kraft der Erdanziehung. Mein Glaube an mich ist meine absolute Garantie, dass ich alles schaffen werde, was ich mir vorstellen kann.

Wenn wir aus tiefstem Herzen glauben, dass wir unser Glück aus eigener Kraft erreichen können, dann wird es auch so sein. Egal woher du kommst, egal was du hast, egal wer du bist – du allein bestimmst, ob deine Träume Wirklichkeit werden oder nicht.

*»Wenn du an dich glaubst, kannst du alles erreichen!«*
Manuel Horeth

Rechts: Fotoaufnahmen in Südafrika in der Nähe von Kapstadt

# DIE WAHRHEIT ÜBER DIESES BUCH

## DIE REISE NACH SÜDAFRIKA

Auf einer Reise nach Südafrika bin ich durch viel Ruhe, Abstand und Entspannung auf die Idee gekommen, wie ich dieses Buch gestalten könnte. Dieses Thema ließ mich dort einfach nicht mehr los und ich wollte meine Inspiration auch auf einigen Fotos festhalten. So engagierte ich in Kapstadt einen unglaublich talentierten, dort sehr bekannten Fotografen namens François Maritz. Das Buchcover und ein paar Bilder hier in diesem Buch wurden in Südafrika fotografiert – immer mit dem Gedanken an meine Vision zu diesem Buch im Hintergrund.

Meine Frau und ich übernachteten nach einer Safari in Camps Bay nähe Kapstadt in einem sehr romantischen, wunderschönen Gästehaus. Als wir dort eintrafen und auf unser Zimmer gingen, fielen mir darin sofort zwei Bilder auf. Es waren Bilder mit einer sehr tiefen Botschaft, mit einigen Zeilen zum Thema Kreativität. Seit Tagen hatte ich mich mit diesem Buch in meinen Gedanken befasst, hatte stimmungsvolle Fotos dazu gemacht und dann las ich auf diesen Bildern unter anderem folgende Worte (hier ins Deutsche übersetzt):

*Wenn du kreativ lebst, gestaltest du dein Leben anstatt nur zu überleben. Die Ausübung von Kreativität erlaubt es dir, dein Leben so zu leben, wie du es dir vorstellst. Kreativität macht aus Ideen Taten.*

*Kreativität ist eine gute Probe, die das Resultat eines Zieles frühzeitig und klar visualisiert und damit den Plan vor der Tat verbessert.*

*Kreativität ist Kontrolle. Sie macht aus Chaos Ordnung, beruhigt Angstzustände und sieht freudig auf die Zukunft.*

*Kreativität ist eine Gunst, die jedem gegeben wurde.*

*Wenn du sie nicht nutzt, missbrauchst du die Gabe, verringerst die Hoffnung auf Zufriedenheit und verringerst deine Chancen zu wachsen.*

*Kreativität kann dich zu dir selbst führen.*

Ich traute meinen Augen nicht – die Botschaft meines Buches, meine innerste Überzeugung war genau in unserem Zimmer! In keinem anderen der Zimmer gab es diese Bilder und Texte.

Durch dieses Erlebnis sah ich mich einmal mehr in meiner Entscheidung bekräftigt, dieses Buch zu schreiben! Ich fühlte, dass es richtig war. Ich habe diese Bilder für dich fotografiert und du kannst ihre Botschaft hier im Original in englischer Sprache nachlesen.

# CREATIVITY

Creativity is the continuous improvement of the soul.

Creativity is evidence of the child still alive in every individual
When you quit playing, you're dead.

Creativity is about you. If you live creatively, you design your life
instead of just surviving it.
The practice of creativity enables you to live your life
in your own way.

Creativity is the courage to express your mind and heart
exactly as they are. You must not care about the
consequences or the opinions of others.
Trust your own convictions, knowing that
delivering your heart and mind can make things change.

Creativity translates ideas into action.
Ideas are not enough, nor are intentions,
nor are any of the tribes of might-have-beens.

Creativity does not stop to make excuses. Using what
it's got, instead of lamenting what it's not, it
continues the adventure.

Creativity does not happen to you.
You must begin it, and there is no previous path or
certain destination. You must go with no assurance -
loving the questions and not expecting answers.
Whatever your destination, creativity is the strongest way.

Creativity is the exercise that makes your spirit strong.

# CREATIVITY

Creativity originates while all other actions recreate, coordinate or imitate.

Creativity is the extra 10 percent that makes all the difference.

Creativity is good rehearsal, visualizing the outcome of a project or a feeling or design soon enough and clearly enough to improve the plan before action.

Creativity is control. It changes chaos into order, calms a catalog of fears, and brings the future gladly.

Creativity is a grace that has been given to everyone. If you do not use it, you abuse the gift, diminish your hopes of happiness, and cancel your chances to grow.

Creativity can lead you to yourself.

Creativity is your best gift – yourself, unselfish – therefore, a gift of love.

Creativity is the seed of hope and faith and love. These are not easy acts, nor are they automatic. But hope and faithf and love can be grown, even from ashes.

Creativity can overcome calamity and arm against the pain of common days.

Creativity can charge an ordinary day with radiance and give wings to your routine.

Creativity can never be defeated. It is your spirit and therefore, inextinguishable.

Creativity is God in action.

# DANKE

Eines habe ich gelernt in den letzten Jahren: Um Träume zu verwirklichen, brauchst du Menschen, die mit dir diesen Weg gehen, in guten und in schlechten Zeiten. Für dieses gemeinsame Gehen möchte ich mich bei meiner Frau Nicole, meinen Eltern und Großeltern für die ständige Unterstützung bedanken.

Auch ein unschlagbares Team aus den Bereichen Management, Organisation, Kreativarbeit, Entwicklung, Beratung, Regie und Eventtechnik geht mit mir gemeinsam diesen Weg. Tagelange Besprechungen, wochenlange Tourneen, monatelange Entwicklungen, jahrelange Visionen und am Ende jedes Mal Erfolg! Danke euch allen für eure Treue und Ehrlichkeit!

Beim Schreiben dieses Buches möchte ich mich auch bei Carmen Raos und Magdalena Konnerth für die intensive redaktionelle Mitarbeit bedanken. Danke für die positiven Inputs und zielgerichteten gemeinsamen Überlegungen, die dieses Buch besonders stark gemacht haben. Eine sehr emotionale und offene Schilderung über ein für sie einschneidendes Erlebnis bei der Entstehung dieses Buches kannst du hier im Anschluss von Carmen Raos lesen.

Und ich möchte mich bei auch bei all den Menschen bedanken, die es mir in erster Linie überhaupt erst möglich gemacht haben, dass ich meinen Weg so gehen konnte und weiterhin gehen werde.

Du, lieber Leser, gibst mir die Möglichkeit, Bücher zu schreiben, du, lieber TV-Zuseher, gibst mir die Plattform, im Fernsehen aufzutreten, du, lieber Theaterbesucher, gibst mir die Möglichkeit, live zu agieren, und du, lieber Seminarbesucher, bietest uns die Chance, dass wir einander persönlich kennenlernen.

Danke an die Millionen Menschen in Österreich, Deutschland, Polen, der Schweiz und China, die meine Faszination für das Unmögliche teilen und mich auf meinem Weg begleiten.

**Ich wünsche dir an dieser Stelle nur eines: LEBE DEINE TRÄUME!**

**Dein Manuel Horeth**

# HAST DU DICH DIR SELBST GEWIDMET?

## ERLEBNIS VON CARMEN RAOS

Manuel kenne ich nun schon fast zehn Jahre. Als wir uns das erste Mal begegneten, war ich an Lebensjahren gerade doppelt so alt wie er. Was uns nicht daran hinderte, familiäre Freunde zu werden: Kochen und essen ist eine unserer gemeinsamen Leidenschaften. Wir sitzen gerne beisammen, reden und diskutieren. Feiern Geburtstage miteinander. Helfen uns gegenseitig im Alltag aus. Nehmen interessiert Anteil am Leben des anderen. Während all dieser Jahre lernte ich Manuel als einen Menschen mit außergewöhnlichem Charisma kennen und lieben. Seine attraktive Erscheinung und ungewöhnliche Ausstrahlung zogen mich sofort in ihren Bann. Dass dieser Schein nicht trog, bestätigte sich spätestens da, als er sich mir zuwandte und mit mir sprach. Ich habe Manuel privat und beruflich gleichermaßen klug, informiert, kreativ, kompetent und smart erlebt. Am allermeisten und immer wieder aufs Neue aber hat mich seine Art und Weise beeindruckt, wie einfühl- und achtsam er mit seinen eigenen und mit den Gefühlen anderer umgeht. Im Miteinander diese Gefühle richtig einzuschätzen und zu bewerten weiß. Weder sich selbst noch andere unnötigem Druck aussetzt. Selbst Konflikte nur bis zu dem Punkt gelangen lässt, wo man sich noch immer lachend in die Augen schauen und sich gegenseitig aufmunternd bei den Händen nehmen kann. Dabei bleibt Manuel stets liebenswürdig, ruhig und sanft. Er hört dir zu, hilft dir und schenkt dir am Ende eines jeden Kontaktes sein bezauberndes Lächeln. Dabei habe ich mich oft gefragt, wie schafft er es bloß, so zu sein, wie er ist – gleichmäßig temperiert und immer wohltuend. Dabei beständig in Bewegung und auf dem Weg nach oben.

Als ich in diesem Jahr aus dem aktiven Arbeitsleben ausgeschieden bin, hat Manuel mich eingeladen, an seinem neuen Buch mitzuarbeiten. Damit bot er mir die Gelegenheit, mit ihm gemeinsam seinem Geheimnis auf die Spur zu kommen. Es passte zu ihm, dass er vor allem auch anderen Menschen sein Erfolgsrezept zukommen lassen wollte. Wie er eben alles, was ihm guttut, gerne mit seiner Umwelt teilt. – Ich nahm das Angebot gerne an. Neugierig und gespannt. Nicht ahnend, welche tiefschürfende Veränderung dieses Projekt bei mir bewirken sollte.

Manuel ist ein begnadeter Visionär. Bei seinem Buchprojekt stellte er sich lebhaft und wirklichkeitsnah vor, wie die Leser sein Buch in Händen halten. Froh, begeistert und dankbar sind, dass er sie an seinem »Schatz« teilhaben lässt. Er fühlte ihre Freude, die seine wurde – für ihn größte Bereicherung und immerwährender Ansporn. Nie hat er einen Gedanken daran verschwendet, wie viel Arbeit das bedeutet. Einzig und allein das wundervolle Ergebnis hat ihn interessiert und beflügelt. Und das hat er mir so oft und anschaulich erzählt, dass auch für mich seine Vision noch während unserer Arbeit bereits Realität war.

Bei unserer Arbeit ist er der Visionär gewesen, ich sein Kritiker, Qualitätsmanager und Mit-Macher. Selten verließ ihn seine gute Laune und seine Energie schien schier unerschöpflich. Selbst wenn er sich bis zum Äußersten verausgabte, folgte er unbeirrt und ohne Abstriche einfach seiner ganz persönlichen Vision der Freude. Dabei lernte ich einen neuen Zug an ihm kennen, den ich anfänglich nicht einzuordnen wusste. Als wir in eine Phase härtester Anstrengung gelangten, zog er sich ganz in sich zurück und eine scharfe Grenze zwischen sich und seiner Umwelt. Ließ mich nicht mehr an sich heran. Wurde körperlich und geistig unerreichbar. Dies erfolgte ohne jede Vorwarnung. Für mich fühlte sich das beim ersten Mal wie eine Zurückweisung an, von der ich nicht wusste, womit ich sie verursacht hatte. Sämtliche Spekulationen meinerseits dazu waren sinnlos, aber die Situation machte mir ziemlich zu schaffen. Während Manuel mühelos alle Anforderungen meisterte, hechelte ich in dieser Zeit mit zusammengebissenen Zähnen neben ihm her und stellte mir wiederholt die Fragen, wie schafft er das und warum verhält er sich so? Kurz vor Beendigung unseres Projekts erhielt ich die Antwort auf meine Fragen: Letztere beantwortete mir Manuel selbst. Er erklärte, dass er seiner Vision nur treu bleiben und sie erfüllen konnte, wenn er bei starken Anforderungen sich nur auf sich und das Wesentliche konzentrierte. Dabei vergesse er seine Umwelt. Sie habe in diesen Situationen auch keine Wichtigkeit für ihn – einzig und allein seine Vision. Die nächste Antwort ergab sich aus der vorangegangenen und traf mich wie ein Blitz aus heiterem Himmel in Form einer Frage: **»Hast du dich dir selbst gewidmet?«**

So wie es Manuel mit seiner Vision und seiner Freude getan hatte, selbst um den Preis, eine Freundin zu verlieren.

Bei unserer gemeinsamen Arbeit habe ich mich in den Dienst seiner Vision und Freude gestellt. Mich damit voll und ganz meinem Freund gewidmet. *Meiner* Vision und *meiner* Freude habe ich hingegen nicht erlaubt, in Erscheinung zu treten. Dieses Fernhalten ist es gewesen, mit dem ich mich selbst einer wichtigen Energie beraubt habe. Die Antwort auf die Frage, ob ich mich mir selbst gewidmet habe, war daher ein erschütterndes NEIN. Dieser Erkenntnis folgte jedoch eine wundervolle Befreiung. Mit sechzig Jahren, während denen ich mich in erster Linie anderen gewidmet, ihnen gedient und mich ihnen verpflichtet hatte, bin jetzt endlich *ich* dran. Nicht mehr meine Mutter, meine Lehrer, Ärzte, meine Lebensgefährten, Vorgesetzten, die Gesellschaft. Ich unterwerfe mich nicht mehr selbstverständlich deren Bildern, Traditionen, Gesetzen, Ritualen usf. Am allerwenigsten dem Gedankengut meiner Religion, das als Gen still, heimlich und unbemerkt sein Werk in mir vollzieht. Mich daran hindert, eigenständig, selbstbestimmt und selbstbewusst mein Leben zu gestalten. Vor allem mir verbietet, zuerst an mich zu denken und mein Wohl vor das der anderen zu stellen. Das hat mich bisher entmachtet und mir in meinem Leben nur kleine, unbefriedigende und zermürbende Teilerfolge beschert. Was mich wiederum an mir und meinen Fähigkeiten zweifeln und manchmal verzweifeln ließ.

Als wir die elementaren Teile des Horeth-Prinzips entdeckten, beschrieben und ihre Wirkung einzeln und im Zusammenhang überprüften, tauchte die Vision meiner Kindertage wieder auf. Die als Schatten unbemerkt all die Jahre neben mir hergeschlichen war. Mit den Techniken des Horeth-Prinzips kam ich wieder in Beziehung zu ihr und ganz in mein Gefühl. Das unheimlich intensiv wurde, je öfter und je länger ich mich meiner Vision widmete. Sie tat mir gut, stand aber ohne Ziel im luftleeren Raum. Bis zu jenem Tag, an dem die unausweichliche Frage, ob ich mich mir widme, über mich hereinbrach. Ihre Beantwortung zwang mich, meine Vision aus ihrer Ungebundenheit zu befreien und ihr den einzigen Sinn zu verleihen, den sie braucht, nämlich meinen Kindheitstraum zu verwirklichen.

Dank meinem Vorreiter Manuel und seinem Prinzip konnte ich endlich begreifen, dass ich nur dann ein glaubwürdiger, selbstbestimmter, unabhängiger und erfolgreicher Mensch werde, wenn ich meine Träume, Wünsche, Bedürfnisse und Gefühle **uneingeschränkt** an den Anfang eines jeden meiner Gedanken und meines Tuns stelle. Mich ihnen zuneige, ihnen Aufmerksamkeit schenke, mich in sie vertiefe, mich ihnen mit ganzer Leidenschaft verschreibe und hingebe. Mich also voll und ganz, einzig und allein meinen Visionen und meiner Freude verpflichte und diene.

Mit diesem Erkennen kehrte auch meine Energie zurück. Und so laufe ich, während ich diese Zeilen schreibe, frisch erholt und freudvoll mit Manuel auf der Zielgeraden dem gemeinsamen Tor entgegen, das sich für zwei verschiedene persönliche Erfolge geöffnet hat.

Danke, lieber Freund, dass es dich gibt! Danke, dass du mir das Geheimnis deines Erfolgs offenbart hast.

# LITERATURVERZEICHNIS


Barral, Jean-Pierre: Die Botschaften des Körpers, Südwest Verlag, 2006

Birgmeier, Bernd: Coachingwissen. Denn sie wissen nicht, was sie tun. VS Verlag für Sozialwissenschaften / GWV Fachverlage GmbH, Wiesbaden 2009

Blake, Tobin: Meditation, Lotos Verlag, München 2004

Böschemeyer, Uwe: Du bist viel mehr: Wie wir werden, was wir sein könnten, Ecowin Verlag, Salzburg 2010

Böschemeyer, Uwe: Unsere Tiefe ist hell. Wertimagination – ein Schlüssel zur inneren Welt, Ecowin Verlag, Salzburg 2010

Christiani, Alexander: Weck den Sieger in dir! In 7 Schritten zur dauerhaften Selbstmotivation, Gabler Verlag, Wiesbaden 2000

Damásio, António R.: Der Spinoza-Effekt – Wie Gefühle unser Leben bestimmen, Verlag List, München 2004

Enkelmann, Nikolaus B.: Die Macht der Motivation, mvg-Verlag, Landsberg am Lech 1995

Ernst, Heiko: Innenwelten / Warum Tagträume uns kreativ, mutiger und gelassener machen, Verlag Klett-Cotta, 2011

Fromm, Erich: Authentisch leben, Verlag Herder, 7. Aufl. 2006

Fromm, Erich: Haben oder Sein, Deutscher Taschenbuch Verlag, Nachdruck 2005

Goleman, D.: EQ – Emotionale Intelligenz, dtv Verlag, München 1997

Harp, David / Feldman Nina: Meditieren in drei Minuten, Rowohl Taschenbuch Verlag, 1993

Hill, Napoleon: Wunder, die Sie selbst vollbringen, Ariston Verlag, Genf 1987

Horeth, Manuel / Eder, Magdalena: Wir sind alle Mentalisten. Das Geheimnis der 5 Sinne. Verlag Carl Ueberreuter, Wien 2010

Hüther, Gerald: Die Macht der inneren Bilder. Wie Visionen das Gehirn, den Menschen und die Welt verändern, Verlag Vandenhoeck & Ruprecht, 2011

Jawer, Michael A. / Micozzi, Marc S.: Die geheime Macht der Gefühle /

Über die spirituellen Dimensionen unserer Emotionen, Scorpio Verlag, 2010
Kast, Verena: Glückskinder. Wie man das Schicksal überlisten kann. Verlag Kreuz, Zürich 1993
Kast, Verena: Imagination als Raum der Freiheit, Verlag Walter, Olten 1988
Mohl, Alexa: Der Zauberlehrling / Das NLP Lern- und Übungsbuch, Junfermannsche Verlagsbuchhandlung, 2010
Murphy, Josef Dr.: Die Macht des Unterbewusstseins, Ariston Verlag, Genf 1967
Seidel, Wolfgang: Emotionale Kompetenz / Gehirnforschung und Lebenskunst, Spektrum Akademischer Verlag, 2008
Solomon, R. C.: Gefühle und der Sinn des Lebens, Verlag Zweitausendeins, Frankfurt am Main 2000

# DER AUTOR

Manuel Horeth wurde am 18. Februar 1978 im österreichischen Saalfelden geboren. Er ist Mentalist, Bestsellerautor, Mentaltrainer und Moderator. Nach seiner Matura sowie einem Ausflug in das Studium der Kommunikationswissenschaft schaffte er es, der Bezeichnung »Mentalist« ein unverwechselbares Gesicht zu geben. Seine einzigartige Fähigkeit, Gedankenkunst, Psychologie und mentale Beeinflussung mit Charme, Perfektion und Gefühl zu präsentieren, machten ihn in den letzten Jahren zu einer gefragten Marke.

Heute kennen ihn Millionen Menschen aus dem Fernsehen. Zuletzt begeisterte er bei der RTL-Show »Manuel Horeth – Nichts ist unmöglich«. Des Weiteren war er Finalist einer Mentalistenshow auf ProSieben und Star der Hauptabendserie »Manuel Horeth – der Mentalist« im ORF. Dazu kommen unzählige Gastauftritte z. B. bei Stefan Raabs »TV Total«, RTL Punkt 9, RTL Punkt 12, den österreichischen Formaten »Wir sind Kaiser«, »Herbstzeit«, »Cafe Puls«, »Vera exklusiv« oder dem »Ö3 Wecker«. Sie zeigten einmal mehr seine sympathische Ausstrahlung und Wandlungsfähigkeit.

Das Interesse an mentalen Themen ist groß – das haben über 20 Millionen TV-Zuseher sowie über 35.000 Publikumsgäste auf Manuel Horeths letzter Theatertour einmal mehr bewiesen. Dass sein Bestseller »Wir sind alle Mentalisten – das Geheimnis der 5 Sinne« nach Deutschland, Österreich und der Schweiz, nun auch schon in Polen und China vertreten ist, beweist zudem das internationale Potenzial seiner Arbeit.

Manuel Horeth hält im Rahmen seines eigenen Institutes Seminare und Vorträge zum Buch »Das Horeth-Prinzip« und dem Thema »Visionen und Ziele erfolgreich umsetzen«.